水口啓子 著
Mizuguchi Keiko

本気で取り組む

GOVERNANC

ガバナン
開示改革

DISCLOSURE R

中央経済社

はじめに

■本書のねらい

　昨今，将来予測がより難しくなっていると感じるのは著者だけだろうか？　グローバル化，技術革新などによる企業を取り巻く競争環境の非連続な変化が起こっている。こうした中で，経営上の課題は，急速に複雑化・多様化している。将来にわたる不確実性が高まる中で，企業は，多様な視点から将来シナリオに備え，環境変化に対して全く想定しておらず無策であるという状況に陥らないことが肝要である。果たして，企業は，事業環境の激変をチャンスとして生かし，長期にわたり，持続的に価値を創造できるのか？　そのためには，持続可能な企業価値創造に向けて許容する主要なリスクの特性と程度の決定，将来を見据えた事業戦略，長期経営目標の達成状況などのポイントをおさえたコーポレートガバナンスの実効性の確保を避けては通れない。

　このような経営環境の下，2017年のスチュワードシップ・コードの改訂に続き，2018年には，コーポレートガバナンス・コードが改訂された。両コードが改訂される中，機関投資家と企業との対話を通じたコーポレートガバナンスの強化への期待が高まっている。アナリストもスチュワードシップ活動を促進するための重要な主体であり，企業と建設的な対話を行うことが期待されるところである。

　「多くの企業において経営環境の変化に応じた果断な経営判断」が十分に行われていないのではないかと指摘されている。こうした中で，企業は指摘された課題への対応が期待されると同時に，投資家・アナリストの果たし得る役割への期待は増すばかりである。企業を分析する証券アナリスト（以下，アナリスト）については，企業を取り巻く事業環境の変化が激しい中，従来以上に「目利き力」が試される時代である。

　2018年に開催された「金融審議会ディスクロージャーWG」の報告書を受けて，非財務情報の充実に向けて，企業内容等の開示に関する内閣府令の改正に加えて，記述情報の開示に関する原則，記述情報の開示の好事例集が公表されている。企業が持続的に競争力を発揮して成長して，家計へ還元していく一連の流れ（インベストメント・チェーン）において，市場規律，ガバナンスの強化などの観点からも，投資家・アナリストが期待される役割は大きい筈である。著者は3～5年先の将来に向けて，より多くの「日本を本拠地とするグローバルな企業グループ」がメジャーリーグ級であると認識されるようになることを少しでも後押しできたらと切に思う。

　本書は，原則として，企業による有用な開示情報を踏まえたうえでアナリストが口火を切って，企業との建設的な対話をする書きぶりとなっている。本書を経営者とアナリストが開示と対話を通じて，持続的な企業価値の共創を実現していくうえでの一助にしていただきたい。

■本書の構成と概要

　本書の具体的な構成については，まず，第1章で，コーポレートガバナンスと企業情報の開示改革を概観する。第2章では，リスクガバナンスを含めた「経営基盤」の実効性の確保に向けた示唆の1つとして，金融安定理事会（FSB：G20の政治的なコミットメントの下，主要国金融当局・国際機関・基準設定主体の取組みを牽引する立場にある機関）が金融危機後にとりまとめた企業の課題と対応策を紹介する。どの業界においても，堅固な「経営基盤」が重要であることは疑う余地がない。FSBの提言が万能薬であるかどうかはともかく，海外M&Aを伴う企業のグローバル化が進む中，被買収会社も含めた企業グループ内で企業理念，戦略・方針などをグループ一体的な視点を持って浸透させるためにも，透明性の高い「経営基盤」の重要性は高まっている。第2章（「企業の経営基盤」のあり方）を以降の第3章～第6章で触れる視点（各論）と関連づけると企業価値の創出に関するポイントの理解の深化につながるだろう。第3章～第6章では，企業

の開示事例も示しながら，変化の激しい環境下にある企業とアナリストとの対話の視点に触れている。アナリストが，企業による事業環境認識，企業戦略，ビジネスモデル，リスク，ガバナンスなどに関する「非財務情報の充実」を受けて，どのように中長期的視点からの企業価値創造力の評価につなげ得るのか？　アナリストが企業と対話する際に，いかに企業に気づきを与え，経営者とアナリストによる持続的な企業価値の共創を実現し得るのかを考察したい。第6章では，ESG（環境・社会・企業統治／ガバナンス）に関わる要素の中で特に気候変動に焦点を当てた企業評価の視点や企業とアナリストとの対話の余地についても言及する。第7章では，企業開示の充実に係る費用対効果についてもさまざまな観点から検討する。企業による情報開示は，その充実を目的化することなく，企業情報の有用性の向上を目指すといった視点を絶えず意識することが肝要であることを特記したい。補章では，2018年の監査基準改訂により導入された「監査の重要な事項」（KAM）を紹介するとともに，KAM導入後に想定され得る企業とアナリストとの対話の広がりについても考察する。

■各読者の特性に応じて推奨する本書の読み方

　本書の主要な章は，本文で開示事例を紹介しながら，充実する非財務情報の企業による開示を糸口として，経営者とアナリストが対話する際のさまざまな視点について言及する。そして章末で「〈実践編〉トップインタビューについてのアナリスト達の感想－本音の例」を紹介している。

　企業の経営陣，社外役員，企画部門，IR部門，内部監査部門の方々には，①各章の「開示事例を踏まえた論考」および②各章末の「〈実践〉トップインタビューについてのアナリスト達の感想－本音の例」をご覧いただき，「経営基盤」に支えられた企業価値創造を視野に入れて，少しでも新たな経営上の視点等を感じ取っていただく機会となればと考えている。また，企業の企画部門以外の部門の担当役員の方などにも，各章末の〈実践編〉から，まずは，アナリストが企業グループ全体に期待するものを感じ取っ

ていただければ嬉しい限りである。

　さらに，アナリストの方々には，企業とアナリストの価値共創に向けて，本書の「開示事例を踏まえた論考」および章末の「〈実践〉トップインタビューについてのアナリスト達の感想－本音の例」を読み，従来に増して建設的な，企業との対話に関する考察を深め，企業の「目利き力」を磨いていただければ幸いである。

■関係者への謝辞

　著者が勤務していたJPモルガン銀行やスタンダード＆プアーズ（以下，S&P）は，世界中の主要拠点にアナリストを擁している。こうした職場では，自らの意志を持てば，海外拠点のアナリストとも活発に意見交換をすることが可能であり，アナリストとしてのグローバルな視点を身につける機会に恵まれたことに感謝している。

　たとえば，S&Pでは，数多くのアナリストの中でも，傑出した力量を有していると評価されていた（さまざまな国籍の）先輩アナリストと，格付対象会社のCEO，CFOなどとのマネジメント・インタビューに同席するという貴重な機会を幾度となく得た。そこで，経営者が高い知見を有した先輩アナリストに耳を傾け，アナリストから気づきを得ているさまを目の当たりにした。アナリスト業務が企業の持続的な価値創造の力になり得ることに大いに触発され，経営者に将来を見据えた気づきを与えられる力量のあるアナリストとなることを目標としてきた。著者が職務に携わる中で，さまざまな局面で，多くの国内外の企業のさまざまな思いの経営者の方々と重要な事項を含めた広範なトピックを議論する，多くの貴重な機会を与えていただいてきたことに大いに感謝している。

　本書の執筆に際して，さまざまな示唆に富む助言をいただいた京都大学副学長・経営管理大学院教授の徳賀芳弘先生に深謝する。また，本書の出版にあたり，多くの有効な助言をいただいた中央経済社の田邉一正氏にも大いに感謝している。さらに，快くお力添えいただいたさまざまな企業，

アナリストを含めた市場関係者にこの場を借りて御礼申し上げたい。

　なお，本書の内容は，所属団体の見解ではなく，著者のさまざまな経験を踏まえた個人の意見からなっている。また，本書で企業情報の開示事例を取り上げさせていただいている目的は，非財務情報の開示の事例を示すためであり，個別企業を評価するためではないことを特記させていただきたい。

　2020年3月

水口　啓子

目　　次

第**3**章 **アナリストの視点①：経営戦略の事業環境との整合性，ビジネスモデルの持続可能性** ·····37

第**4**章 **アナリストの視点②：重要性の増すリスク管理を核とした経営管理（ERM）の実効性** ·····55

補　章　監査報告書に求められる情報価値とは？ 123

第 1 章

今，なぜガバナンス・企業開示改革が求められるのか？

 なぜ日本企業の評価は割り引かれるのか？

　企業の価値を株式市場がどのように評価しているかを示す一般的な指標であるPBR（株価純資産倍率）に着目してみよう。ちなみにPBRは（ROE：自己資本利益率）×（PER：株価収益率）に分解できる。米国，欧州との比較でも日本の企業グループはPBRが低位（たとえば，PBRが1倍以下）である企業の構成比が高いが，なぜ株式市場において日本の企業グループは割り引いて評価されるのか？　各業界，企業特有の事情などさまざまな要因があるところであるが，以下で，著者なりに，PBRの1倍割れの理由となり得る事項を考察してみた。

(1)　将来キャッシュ・フロー創出のシナリオが不透明？

　2019年3月末の日経平均PBRは1.2倍と比較的低位であった。ここで特記したいのは，グローバルな比較のうえで，日本企業が将来にわたり生み出す価値に対する株式市場からの期待が引き続き低いことである。

　理論上，PBRが1倍を下回る場合には，株式市場に当該企業が「事業を行うよりも，解散して財産を株主に分配した方がよい」と判断されている。

　日本企業の企業価値（将来キャッシュ・フロー創出に対する期待）を評価する際に，裏付け情報が不十分であることが原因で，アナリストが「将来

キャッシュ・フロー創出シナリオについて不透明である」などのネガティブな評価をしているケースも想定し得るだろう。場合によっては，企業とアナリストとの「建設的な対話」に資する「質の高い企業開示」が入手可能となれば，アナリストの懸念は一定程度軽減される可能性があるだろう。

　アナリストは，評価の分析の諸視点を踏まえたうえで，分析に資する情報を収集することになる。たとえば，企業の経営計画の実行可能性の評価に向けて，評価対象の企業の過去の計画の実現状況を確認することになる。さらに，開示に加えて，企業との対話も経て，アナリストは，企業が，将来にわたりどのような事業環境に関わる諸シナリオを考察したうえで，事業戦略，事業計画を立てているのか確認したいと思うだろう。昨今，企業を取り巻く事業環境は非連続な形で大きく変化し，複雑化している。変化の激しい事業環境下で，アナリストが企業の将来キャッシュ・フローの創出や成長シナリオの実現に関して不透明感を強く意識することも少なくない。アナリストにこうした不透明感を感じさせる企業の特性とはどのようなものがあるのだろうか？　以下の(2)および(3)で考察してみよう。

(2)　「経営の意志」がよくわからない？
―資本コストの意識，規律ある事業ポートフォリオ見直し

　日本の金融機関による株式の保有割合が低下する一方で，海外投資家がプレゼンスを高めている（**図表1－1参照**）。海外投資家による指摘がある場合，グローバル化が進む中，日本の企業およびアナリストは，海外の競争企業によりくわしいであろう海外投資家・アナリストの意見に耳を傾けてみることから得るものがあるだろう。海外投資家・アナリストからは，多くの日本の企業においては，資本コストの認識が希薄である，事業ポートフォリオの機動的な見直しが必ずしも十分に行われていない，との指摘がよくある。

　多くの海外投資家・アナリストは，「多様な企業群（親会社，子会社，孫会社，曾孫会社など）からなる場合があるなど，事業構造が複雑な日本の

● 図表 1 － 1 投資部門別株式保有比率の推移（長期データ） ●

(単位：％)

年度	政府・地方公共団体	金融機関	a.都銀・地銀等	b.信託銀行	a+bのうち 投資信託	a+bのうち 年金信託	c.生命保険会社	d.損害保険会社	e.その他の金融機関	証券会社	事業法人等	外国法人等	個人・その他
1980	0.4	38.2	19.9	—	1.9	0.4	11.5	4.6	2.3	1.5	26.2	5.8	27.9
1985	0.3	39.8	20.9	—	1.7	0.8	12.3	4.1	2.4	1.9	28.8	7.0	22.3
1990	0.3	43.0	15.7	9.8	3.7	0.9	12.0	3.9	1.6	1.7	30.1	4.7	20.4
1991	0.3	42.8	15.6	9.7	3.4	1.0	12.2	3.9	1.4	1.5	29.0	6.0	20.3
1992	0.3	42.9	15.6	9.9	3.2	1.2	12.4	3.8	1.2	1.2	28.5	6.3	20.7
1993	0.3	42.3	15.4	10.0	2.9	1.4	12.1	3.7	1.1	1.3	28.3	7.7	20.0
1994	0.3	42.8	15.4	10.6	2.6	1.6	12.0	3.7	1.1	1.2	27.7	8.1	19.9
1995	0.2	41.1	15.1	10.3	2.2	1.8	11.1	3.6	1.0	1.4	27.2	10.5	19.5
1996	0.2	41.9	15.1	11.2	2.0	2.4	11.1	3.6	0.9	1.0	25.6	11.9	19.4
1997	0.2	42.1	14.8	12.4	1.6	3.8	10.6	3.5	0.9	0.7	24.6	13.4	19.0
1998	0.2	41.0	13.7	13.5	1.4	4.7	9.9	3.2	0.8	0.6	25.2	14.1	18.9
1999	0.1	36.5	11.3	13.6	2.2	5.0	8.1	2.6	0.9	0.8	26.0	18.6	18.0
2000	0.2	39.1	10.1	17.4	2.8	5.5	8.2	2.7	0.7	0.7	21.8	18.8	19.4
2001	0.2	39.4	8.7	19.9	3.3	6.0	7.5	2.7	0.7	0.7	21.8	18.3	19.7
2002	0.2	39.1	7.7	21.4	4.0	5.8	6.7	2.6	0.7	0.9	21.5	17.7	20.6
2003	0.2	34.5	5.9	19.6	3.7	4.5	5.7	2.4	0.9	1.2	21.8	21.8	20.5
2004	0.2	32.0	5.2	18.4	3.8	3.9	5.2	2.2	1.0	1.2	22.1	23.3	21.3
2005	0.2	30.9	4.7	18.0	4.3	3.5	5.1	2.1	1.0	1.4	21.3	26.3	19.9
2006	0.3	30.7	4.6	17.6	4.6	3.5	5.3	2.2	1.0	1.8	20.8	27.8	18.7
2007	0.4	30.5	4.7	17.3	4.8	3.5	5.4	2.2	0.9	1.5	21.4	27.4	18.7
2008	0.4	32.0	4.8	18.8	5.0	5.0	5.3	2.1	0.9	1.6	22.6	23.5	20.5
2009	0.3	30.6	4.3	18.4	4.7	3.4	5.3	2.0	0.9	1.0	21.2	26.0	20.1
2010	0.3	29.7	4.1	18.2	4.4	3.2	4.5	1.9	1.0	1.8	21.2	26.7	20.3
2011	0.2	29.4	3.9	18.6	4.5	3.0	4.3	1.8	0.8	2.0	21.6	26.3	20.4
2012	0.2	28.0	3.8	17.7	4.5	2.5	4.1	1.6	0.8	2.0	21.7	28.0	20.2
2013	0.2	26.7	3.6	17.2	4.8	2.1	3.7	1.4	0.7	2.3	21.3	30.8	18.7
2014	0.2	27.4	3.7	18.0	4.8	1.8	3.6	1.4	0.7	2.2	21.3	31.7	17.3
2015	0.1	27.9	3.7	18.8	5.6	1.5	3.4	1.3	0.7	2.1	22.6	29.8	17.5
2016	0.1	28.4	3.5	19.6	6.3	1.3	3.4	1.2	0.7	2.2	22.1	30.1	17.1
2017	0.1	28.7	3.3	20.4	7.2	1.2	3.2	1.1	0.7	2.2	21.9	30.3	17.0
2018	0.2	29.6	3.1	21.5	8.4	1.1	3.2	1.0	0.7	2.3	21.7	29.1	17.2
最高(年度)	0.9 (1986)	44.1 (1988)	20.9 (1985)	21.5 (2018)	8.4 (2018)	6.0 (2001)	12.8 (1986)	4.8 (1979)	2.6 (1987)	2.3 (2018)	30.3 (1987)	31.7 (2014)	37.7 (1970)
最低(年度)	0.1 (1999)	26.7 (2013)	3.1 (2018)	7.3 (1986)	1.4 (1998)	0.4 (1982)	3.2 (2018)	1.0 (2018)	0.7 (2017)	0.6 (1998)	20.8 (2006)	2.7 (1978)	17.0 (2017)

(注) 1 1985年度以前の信託銀行は，都銀・地銀等に含まれる。
2 2004年度から2009年度まではJASDAQ証券取引所上場会社分を含み，2010年度以降は大阪証券取引所また主は東京証券取引所におけるJASDAQ市場分として含む。

出所：株式会社 東京証券取引所，株式会社 名古屋証券取引所，証券会員制法人 福岡証券取引所，証券会員制法人 札幌証券取引所「2016年度株式分布状況調査結果について（要約版）」(2019年6月26日) 5頁を一部修正

企業が少なくない。」と指摘している。海外投資家から，日本の上場企業のさまざまな企業群からなる事業構造の実態，その裏にある「経営の意志がわかりにくい」との声があることは看過できない。

　そこで，アナリストは，以下のようなポイントを念頭に企業と対話を重ねたらどうか。

- ●各事業分野に関する資本コスト，リスクに見合ったリターンや足元の事業ポートフォリオを勘案した上で「どのようなリスクをどの程度とるか」を定期的に決定・モニターしているか？　実質的なPDCAサイクルを通じて，適宜必要なアクションをとっているか？
- ●取締役会による「どのようなリスクをどの程度とるか」についての定期的に議論・決議，企業グループの事業計画，資本配分などの重要事項について議論・決議を行っているか？
- ●投資家・アナリストが，前述のような取締役会による重要事項が議論・決議されていることが理解できる開示・対話をしているか？

　こうしたポイントに対応しつつ取締役会における議論が積み重ねられることは，取締役会の実効性を高めることにつながり得るだろう。また，企業において，リスクベースの経営管理体制が機能することで「どのようなリスクをどの程度とるか」という「経営の意志」が企業内で共有化されて，規律が効いた事業ポートフォリオの見直しが行われた場合，海外投資家・アナリストのフラストレーションの対象である「企業の『複雑な事業構造』の裏にある『経営の意志』がよくわからない」状態から企業が脱却して，「経営の意志」がわかりやすい事業構造へと転換するケースも想定されるだろう。こうした規律ある事業モデルの転換が適宜適切に行われていると判断するに至るとしたら，アナリストは当該企業についてプラスの評価を視野に入れ得るだろう。

　ちなみに，「企業が持続的に成長していくため，コーポレートガバナンスの強化などによって，コア事業の選別・強化が進むことで生産性・収益

性を向上させていくことが重要だ」（金融庁事務局資料「コーポレートガバナンス改革」（2018年11月27日公表）参照）との意見も聞かれる。

(3)　海外被買収会社を十分管理できるのか？
―買収シナジーをどのように評価し得るのか？

　昨今，日本の企業による海外の会社の買収が盛んである。多くの場合，日本の企業によるM&Aは高値買いであると指摘するアナリストが少なくない。アナリストは，よく「買収プレミアムは，シナジー効果によるキャッシュ・フローの増加分として見越した金額である」と企業から説明を受けることになるが，こうした買収プレミアム分があるといっても，将来にわたり実際にそれに見合った利益を企業が獲得できるとは限らない。買収プレミアムに織り込まれているシナジーは，おおむね売上の増加を見込んだシナジーとコスト削減を見込んだシナジーが挙げられる。企業を買収した後，実現されてきたのはコスト削減シナジーであって，売上の見込みは未達であるケースが少なくない。

　買収プレミアムを正当化するほどのシナジー効果が実現する道筋があまりにも不透明な場合もある。こうした場合には，アナリストが，シナジー効果を企業の主張よりも割り引いたうえで，企業を分析することはやむを得ないともいえよう。

　企業グループがシナジー効果を発揮する前提としては，買収前に具体的に，企業文化の適合性，ビジネスモデルの強さ，収益性などに加えて，シナジー効果を見込める買収先企業リストが何年かかけてでもじっくりと絞られている。それに加えて，実際に企業文化が浸透し，実効的な透明性の高いグループ経営体制が整備されており，グループが一体的に運営されていることなどが挙げられよう。買収によるシナジー効果の評価を試みる際に，アナリストは，以下のポイントを検討し，企業と対話を重ねたらどうか。企業との対話の内容いかんでは，アナリストは，コスト削減に加えて，収益性を伴った売上の増加といったシナジー効果を相応に見込んで企業を

評価する選択をするかもしれない。

> ● トップの価値観が被買収会社を含めた企業グループ全体に浸透しており，被買収会社特有のサブ文化はあるものの，企業全体で共有できる企業文化が浸透してきているか？
>
> ● 被買収会社も含めてグループ全体を一体的に適用範囲とする「どのようなリスクをどの程度とるか」が取締役会で決議されているか？　その考え方がグループ全体に浸透しているか？
>
> ● 価値観が共有化された上で，企業グループの主要な事業会社の経営陣などがお互いに活発的に議論し，いかに各社の強み・機会などをお互いにフルに活用し得るか話し合い，レバレッジを効かせた企業価値の増加につながる具体的な施策が機動的に積み上がってきているか？

　コーポレートガバナンス改革の進展に伴って，企業のROEとPBRが全体として上昇し続け，グローバル化を志向する日本の企業の中から，グローバルに競争する高成長・高ROEの優良企業群の一員となる企業が多数出現することを大いに期待したい。企業がいかに国際競争力を向上し得るかについて，アナリストは自らの評価対象企業の価値創造に関する仮説を形成したうえで，日本の企業と建設的な対話を行っていくことが，志の高い企業の後押しになる可能性もあるだろう。

　前述したような諸課題がある中で，「未来投資戦略2018」（2018年6月15日閣議決定）では，経済構造革新への基盤づくりに向けた大胆な規制・制度改革の必要性を述べている。具体的な改革対象として，「投資促進・コーポレートガバナンス」を掲げ，改革の具体策の1つとして「建設的な対話のための情報開示の質の向上」に取り組むことを求めている。こうした流れを背景に，日本においてコーポレートガバナンスおよび企業情報の開示改革に関する諸施策がとられてきている。

　企業は企業価値の向上や持続的成長に向けて，さらにガバナンス・開示

改革に本気で取り組み，投資家・アナリストは，企業開示の質および対話の質の向上の流れを見据えて「インベストメント・チェーン」の中で期待されている役割を再認識して目利き力を磨き，企業との対話を通じてそれを果たしていく局面である。不確実性が高まる時代だからこそ，より踏み込んで経営者とアナリストとの企業価値の共創を視野に入れることが大いに期待されるところではないか。

　以下では，「コーポレートガバナンス」，「企業情報の開示」に関する制度などの動向を概観する。

　コーポレートガバナンス改革の動向

⑴　スチュワードシップおよびコーポレートガバナンスに係るコードの策定

　安倍内閣発足以降，成長戦略の一環として，「スチュワードシップ・コード」（2014年2月策定・2017年5月改訂・2020年3月再改訂）が策定されている。この内容は，機関投資家（運用機関など）に対して，企業との対話を行い，中長期的視点から投資先企業の持続的成長を促すことを求める行動原則となっている。また，「コーポレートガバナンス・コード」（以下，当コード：2015年6月適用開始・2018年6月改訂）も策定されている。当コードは，上場企業が，幅広いステークホルダー（株主，従業員，顧客，取引先，地域社会等）と適切に協働しつつ，透明性・公正かつ迅速・果断な意思決定を行うことを通じて，会社の持続的な成長と中長期的な企業価値の向上を図ることを主眼としている。つまり，企業が持続的に成長していくため，コーポレートガバナンスの強化などによって生産性・収益性を向上させていくことが重要であることが指摘されている。

　「未来投資戦略2018―『Society 5.0』『データ駆動型社会』への変革―

● 図表 1 － 2 　「コーポレートガバナンス改革の深化に向けた取組み」 ●

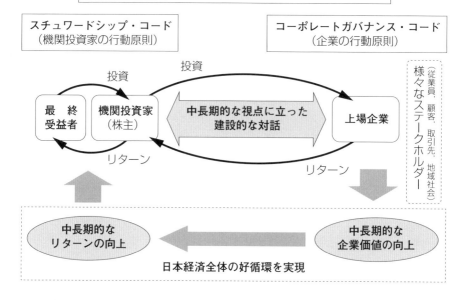

出所：金融庁事務局資料「コーポレートガバナンス改革について」（2018年11月27日公表）3頁

（2018年6月15日公表）」では，「投資促進・コーポレートガバナンス」について，大企業（TOPIX500）のROAについて，2025年までに欧米企業に遜色のない水準を目指すとしている。また，「企業が過去最高水準の収益をあげる中，持続的な経済成長を成し遂げるためには，この企業収益を活かして，研究開発投資や人材投資を含め，生産性を高める投資を積極果敢に進める必要がある。そのため，企業が設備投資や賃上げに積極的に取り組むことができる制度上の環境を整備するとともに，企業が株主をはじめ従業員，顧客，取引先，地域社会などの様々な関係者（ステークホルダー）との適切な協働により持続的な成長と中長期的な企業価値の向上のための自律的な対応を図ることができるよう，コーポレートガバナンス改革を進める。」としている（**図表1－2参照**）。

　金融庁主催の「スチュワードシップ・コード及びコーポレートガバナン

ス・コードのフォローアップ会議」でとりまとめられた「コーポレートガバナンス・コードの改訂と投資家と企業の対話ガイドラインの策定について」(2018年3月26日)では，「コーポレートガバナンス改革は，経営陣による果断な経営判断を促すことを通じ，企業の持続的な成長と中長期的な企業価値の向上を促すことをねらいとしている。しかしながら，企業価値の向上に向けてガバナンス改革に取り組む企業も見られる一方，なお多くの企業において経営環境の変化に応じた果断な経営判断が行われていないとの指摘がなされていることについては重く受け止める必要がある。たとえば，日本企業においては，事業ポートフォリオの見直しが必ずしも十分に行われていないとの指摘があるが，その背景として，経営陣の資本コストに対する意識が未だ不十分であることが指摘されている。」と述べられており，企業はこうした点について積極的に対応していく必要がある。

　一方，投資家・アナリストには，企業経営者に「気づき」を与えるような，企業との質の高い対話が期待されているところである。ところが，スチュワードシップ・コード及びコーポレートガバナンス・コードのフォローアップ会議においては，現状では，機関投資家が経営者に「気づき」を与える質の高い対話といった観点からは，国内における対話はそのような水準に達していないのではないかとの意見も聞かれた。

⑵　「投資家と企業の対話ガイドライン」
　　─より実効的な議論への期待

　こうした指摘を踏まえ，フォローアップ会議においては，2017年10月以降，進捗してきたコーポレートガバナンス改革の検証を実施し，より実質的なコーポレートガバナンス改革の深化に向けて，コーポレートガバナンス・コードの改訂が提言され，それを受けたガバナンス・コードの改訂が行われている。それにあわせて，機関投資家（株主）と企業の対話において重点的に議論することが期待される事項を取りまとめた「投資家と企業の対話ガイドライン」が金融庁により2018年6月1日に公表されている

●図表1－3　「投資家と企業の対話ガイドライン」の概要●

経営環境の変化に対応した経営判断
投資戦略・財務管理の方針
CEOの選解任・取締役会の機能発揮等
【CEOの選解任・育成等】 【経営陣の報酬決定】 【取締役会の機能発揮】 【独立社外取締役の選任・機能発揮】 【監査役の選任・機能発揮】
政策保有株式
【政策保有株式の適否の検証等】 【政策保有株主との関係】
アセットオーナー

出所：金融庁「投資家と企業の対話ガイドライン」（2018年6月1日公表）を参照の上で著者作成

（図表1－3）。投資家に加えて，アナリストも企業と建設的な対話を行ってみたらどうか。

　アナリストの分析はさまざまであり，足元の損益の予想に注力する場合もある。その一方で，アナリストは，中長期的な視点から，企業価値の向上に焦点を当てることで，前述した文脈において貢献できる可能性が高いともいえよう。また，日本の企業がグローバル化する中，より多くの「日本を本拠地とする企業グループ」がメジャーリーグ級であると認知されるまでには一定の時間がかかる可能性もあるだろう。アナリストも自らの「目利き力」を磨き続けて，企業との対話を通じて，中長期的に企業価値向上を実現するシナリオを少しでも後押しできるように継続的に力量の向上に努めていくことも重要であろう。

コラム❶　アナリストによって注目点が異なるのか？

　アナリストの類型によって，何を重視するかも異なるところである。そこで，以下でアナリストの類型ごとの分析視点の違いを紹介してみよう（注：経済産業省「知的資産経営報告の視点と開示実証分析調査（2007年）」（以下，当調査）を

参照している）。

1　クレジット・アナリスト

　格付アナリストなどのクレジット・アナリストは，債券格付や企業そのものの信用力を表す発行体格付などの信用力評価のために企業分析などを行っている。信用力評価とは，企業が約定通りに元利払いを行う蓋然性を評価するものである。クレジット・アナリストの企業の信用力評価の視点としては，産業の特性を踏まえた企業の志向する事業モデルの競争力，企業の競争力を踏まえた将来キャッシュ・フロー分析に加えて，事業リスクを吸収し得る財務基盤の強さなどが挙げられる。当調査によれば，多くのクレジット・アナリストの企業評価のタイムスパンは，中期（3年程度）であった。

2　株式アナリスト

①　セルサイド・アナリスト

　セルサイド・アナリストは，証券会社の調査部門などに所属して，産業・企業分析を行い，機関投資家などに対して投資情報を提供する役割を担っている。セルサイド・アナリストは分析の際に，成長性や収益性などに加えて，足元の株式価格が割高／割安であるか否かなどを評価する。このような分析の視点は，次に紹介するバイサイドの株式アナリストも同様である。当調査では，多くのセルサイド・アナリストの企業評価のタイムスパンは，短期（1年程度）であった。

②　バイサイド・アナリスト

　機関投資家として，投資商品を購入する側がバイサイドであり，こうした資産運用を行う機関投資家のファンドマネジャーに投資情報を提供するのが，バイサイド・アナリストである。当調査では，多くのバイサイド・アナリストの企業評価のタイムスパンは，長期（5年程度）であった。

　当調査によれば，短期的な企業価値評価を行う人が選択する理由として上位となったのは，1「会社から短期的な価値評価を任されているから」，2「運用成績が短期的に評価されるから」，3「中長期の将来性の評価は困難だから」などである。

　アナリストの類型によって分析の特性は異なるが，将来キャッシュ・フロー（おおまかにいえば，将来キャッシュ・フローを現在価値に転換したものが企業価値）が関心事項であることは共通している。

　当調査が行われた2007年であるが，類型別のアナリストの特性の本質は大きく変わっていないことも想定される。アナリストは，資本市場における情報仲介者として，価値創造をする企業への円滑な資金供給に寄与する役割を担っている。

　アナリストが，いかに今後充実される方向にある「非財務情報」を活用して，役割を果たしていくのか？　アナリストの分析の深度，分析のタイムスパンなどさまざまな観点から，考察の余地は少なくないといえよう。

3　企業開示改革の動向

(1)　金融審議会ディスクロージャーワーキング・グループ報告

　日本の企業がグローバル化する中で，アナリストは，「質の高い企業情報の開示」を入手できていると評価しているのだろうか？　もし企業開示に不透明な点があり，企業が計画通りに戦略を履行できることを将来キャッシュ・フローに織り込みにくいと考えたら，アナリストは，企業を割り引いて評価することを選択するかもしれない。投資家が企業と建設的な対話を行うことが期待される中，的確な投資判断を行うためには，財務情報に加えて，分析対象となる企業を取り巻く事業環境下での事業戦略の実現可能性を裏づける，財務情報と関連性が強い非財務情報の充実がともに不可欠といえよう。

　前述したように「未来投資戦略2018報告書」で「企業開示」の重要性について言及している。金融審議会ディスクロージャーワーキング・グループ報告（以下，DWG報告）は，企業開示の包括的な検討を実施する背景として以下を指摘した。

- ●経営環境の変化のスピードが増すとともに，経営上の課題が複雑化・多様化していること
- ●機関投資家・海外投資家の株式保有割合が上昇していることとともに，個人投資家が重要な地位を占めていること
- ●近年，コーポレートガバナンス改革や会計監査の信頼性確保に向けた取組みが更に進められていること
- ●欧州や米国をはじめ，諸外国において記述情報を含む開示の充実に向けた取組みが進められていることなど

　このような認識のもと，2018年6月に公表されたDWG報告において，

●図表1-4　DWG報告書の構成●

I 「財務情報」および「記述情報」の充実	
	財務情報，及び，財務情報をより適切に理解するための記述情報を充実。 （例）経営戦略 （例）経営者による経営成績等の分析（MD&A：Management Discussion and Analysis） （例）リスク情報など
II 建設的な対話の促進に向けたガバナンス情報の提供	
	企業と投資家との対話の観点から求められるガバナンス情報の提供。 （例）役員報酬の算定方法，政策保有株式の保有状況など
III 提供情報の信頼性・適時性の確保に向けた取組み	
	情報の信頼性を投資家が判断する際に有用な情報の充実と，情報の適時の提供。 （例）監査人の継続監査期間など
IV その他の課題	
	EDINETの利便性の向上，有価証券報告書の英文による開示の推奨など

出所：金融審議会「金融審議会ディスクロージャーワーキング・グループ報告―資本市場における好循環の実現に向けて」（2018年6月公表）を参照した上で著者作成

「財務情報及び記述情報の充実」，「建設的な対話の促進に向けたガバナンス情報の提供」，「提供情報の信頼性・適時性の確保に向けた取組み」等に向けて，適切な制度整備を行うべきとの提言がなされた（**図表1-4**）。

　DWG報告を受けて，企業内容等の開示に関する内閣府令の改正，記述情報の開示に関する原則の公表，記述情報の開示の好事例集の公表などさまざまなイニシアティブがとられている。以下で，DWG報告を受けた以下の3つのイニシアティブの概要を紹介しよう。

●開示ルールの策定（企業内容等の開示に関する内閣府令）

●プリンシプルベースのガイダンスの策定（記述情報の開示に関する原則）

●開示のベストプラクティスの収集・公表（記述情報の開示の好事例集）

(2) 企業内容等の開示に関する内閣府令

　金融庁は，DWG報告の提言を踏まえ，有価証券報告書などの記述情報の開示を要求する形で，「企業内容等の開示に関する内閣府令」（以下，開示府令）を改正している（2019年1月31日公布・施行）。改正内容の概要を以下で紹介しよう。

　図表1－5のように，開示府令改正における記述情報の開示要求は，3つに分類されている。

　こうした開示府令の改正が何を求めているのか，具体的にイメージするためには，金融庁が公表した「記述情報の開示に関する原則」（2019年3月19日公表）が有益である。

●**図表1－5　開示府令改正における記述情報の開示要求に関する概要**●

財務情報及び記述情報の充実
●経営方針・経営戦略等について，市場の状況，競争優位性，主要製品・サービス，顧客基盤等に関する経営者の認識の説明を含めた記載を求める。 ●事業等のリスクについて，顕在化する可能性の程度や時期，リスクの事業へ与える影響の内容，リスクへの対応策の説明を求める。 ●会計上の見積りや見積りに用いた仮定について，不確実性の内容やその変動により経営成績に生じる影響等に関する経営者の認識の記載を求める。
建設的な対話の促進に向けた情報の提供
●役員の報酬について，報酬プログラムの説明（業績連動報酬に関する情報や役職ごとの方針等），プログラムに基づく報酬実績等の記載を求める。 ●政策保有株式について，保有の合理性の検証方法等について開示を求めるとともに，個別開示の対象となる銘柄数を現状の30銘柄から60銘柄に拡大する。
情報の信頼性・適時性の確保に向けた取組
●監査役会等の活動状況，監査法人による継続監査期間，ネットワークファームに対する監査報酬等の開示を求める。

出所：金融庁「企業内容等の開示に関する内閣府令の一部を改正する内閣府令」（2019年1月31日公布・施行）を参照した上で著者作成

(3)　「記述情報の開示に関する原則」

　金融庁は，DWG報告を受けて，ルールへの形式的な対応にとどまらない開示の充実を図るため，企業が経営目線で経営方針・経営戦略等，経営成績等の分析，リスク情報等を開示していくうえでのガイダンスとして，「記述情報の開示に関する原則」（以下，当原則）を2019年3月19日に公表した。

　当原則は，企業による情報開示をめぐる現在の課題を踏まえ，財務情報以外の開示情報である，いわゆる「記述情報」について，望ましい開示の考え方，開示の内容，開示に対する取り組み方をまとめたものである。

●図表1-6　「記述情報の開示に関する原則」のポイント●

経営目線の議論の適切な反映
●取締役会や経営会議での経営方針・業績評価・経営リスクに関する議論のディスクロージャーへの適切な反映 ●経営トップによるディスクロージャーに関する基本方針の提示
重要性の勘案
●業績に与える影響度およびその発生の蓋然性を考慮した上で情報の重要性を判断，その上で情報の重要性を踏まえた情報開示
資本コストなどに関する議論の反映
●取締役会や経営会議における，成長投資・手元資金・株主還元のあり方や資本コストに関する議論，並びに，それらを踏まえた今後の経営の方向性のディスクロージャーへの適切な反映
セグメント情報
●経営上，事業ポートフォリオのあり方についての検討が求められている中，経営の目線を十分に踏まえた深度あるセグメント情報の開示
わかりやすさ
●よりわかりやすい開示の実現に向けた，図表，グラフ，写真などの活用

出所：金融庁「記述情報の開示に関する原則」（2019年3月19日公表）を参照の上で著者作成

　具体的には，企業が開示する記述情報の項目は企業の業態や企業が置かれた経営環境等に応じてさまざまであるが，その中でも，投資家による適切な投資判断を可能とし，投資家と企業との深度ある建設的な対話につながる項目である，経営方針・経営戦略，経営成績などの分析，リスク情報を中心に，有価証券報告書における開示の考え方などを整理することを目的している。

　当原則の記述情報の開示に共通する諸事項としているポイントは，**図表1－6**のとおりである。

　「『記述情報の開示に関する原則』の更なる詳細」の一部は，分析の視点と関連づける形で，第3章以降で適宜紹介する。

(4)　「記述情報の開示の好事例集」

　金融庁は，当原則の趣旨を踏まえて，企業および投資顧問会社の投資責任担当者，株式アナリスト，格付アナリスト，投信会社のインベストメント・オフィサーなどの財務諸表利用者との対話を経て，開示の好事例収集のための勉強会を開催した。こうした関係者との検討を踏まえて，2019年3月にはじめて「記述情報の開示の好事例集」が公表された。2019年11月・12月にその後開示された内容を取り込むべく更新された開示事例などが公表された（**図表1－7**）。なお，政策保有株式に関する開示について

●　図表1－7　「記述情報の開示の好事例集」の構成　●

	内容
1	「経営方針，経営環境及び対処すべき課題等」の開示例
2	「事業等リスク」の開示例
3	「MD&A に共通する事項」の開示例
4	「キャッシュ・フローの状況の分析・検討内容等」の開示例
5	「重要な会計上の見積り」の開示例
6	「役員の報酬等」の開示例
7	「監査の状況」の開示例

出所：金融庁「記述情報の開示の好事例集」（2019年3月・11月・12月）を参照の上で著者作成

の文章も公表されている。こうした好事例を積み重ねていくことで，良い
PDCAサイクルが構築されることに著者は期待している。

　当事例集では，各好事例として着目したポイントが青色のボックスにコ
メントされており，各コメントは，「当原則」に対応している。また，当
事例集は，有価証券報告書における開示例に加え，統合報告書など開示例
のうち有価証券報告書における開示の参考となり得るものも含めている。

　当原則および当事例集を企業とアナリストとの対話の時に参考にすると
よいだろう。こうした好事例集を糸口に，アナリストは，どのように開示
された情報を企業分析に活用し得るかも企業に伝達しながら，充実が進む
開示情報を活用することになるだろう。さらには，情報の有効活用・企業
との対話も実施して，アナリストが，不断の努力を積み重ねることで目利
き力の向上につなげることを大いに期待したい。

　企業開示の充実は企業評価の質を高めたいアナリストにとって朗報とい
えよう。その一方で，企業情報の開示の充実を受けて，アナリストが従来
以上に「企業との深度ある建設的な対話」を行ったうえでより適切な企業
評価につなげることがなければ，企業の努力を無駄にすることにもなりか
ねない。

　同じ価値のある公開情報に接してもアナリスト間で「気づき」を与える
力には個人差が見られるとの意見に加え，情報が氾濫している中，アナリ
ストが重要な情報を把握しきれていないケースもあると指摘をする財務諸
表利用者もいる。企業情報の開示の充実への道が見えるこの局面で，アナ
リストは，インベストチェーンの中で担っている役割を十分に果たすべく，
気を引き締めることが肝要である。

　次の第2章では，FSBなどの指摘も参考としたうえで，堅固な「企業の
経営基盤」の特性について考察する。FSBの提言が万能薬であるかはとも
かく，海外M&Aを伴う企業のグローバル化が進む中，被買収会社も含め
た企業グループ内で企業理念，戦略・方針などをグループ一体的な視点を
持って浸透させるためにも，透明性の高い「経営基盤」の重要性は高まっ

ている。第2章で言及する堅固な「企業の経営基盤」のあり方を意識しながら，企業による開示事例を伴う第3章～第6章（アナリストの視点の各論）では，ガバナンス改革，開示改革の流れを勘案しつつ，実際の非財務情報例を活用した企業価値の創造に関する諸視点を考察する。

実践編
▶▶▶▶▶企業とアナリストの思い―本音の例

アナリストA

アナリストは，非財務情報も活用して，短期より長期の視点で，収益構造の転換などを早期に発見して，将来キャッシュ・フローを予測したいよね。このためには，経営トップの強いコミットメントに裏付けられた非財務情報は有用だと思う。

アナリストB

社内で議論を尽くして，将来を見据えた諸シナリオを議論して，中長期的にも持続可能なビジネスモデルがいかに成り立つと考えているかを投資家向け説明会で発表した。ところが，この説明会の投資家・アナリストの質問は，株主還元などの足元の事項に集中して，中長期的な事業戦略についての質問はほとんどなかった。中長期的な企業価値創造シナリオを分析するのに有用であろう情報を開示しても，複数の投資家・アナリストが，あまり興味を示さないことが非常に残念だとの思いがある企業もあるようだよ。

アナリストA

そういう受け止め方もあるんだね。アナリストとしては，有用な情報をしっかり企業分析に活用している姿を示し続けられるとよいね。

アナリストB

不確実性の高まっている中で，「企業のビジネスモデルは持続可能なのか」について判断するヒントとして「意思決定プロセス」が知りたい。将来のシナリオを100％の確度で予言することはできない。アナリストは，将来にわたる不確実性が存在することを踏まえながらも，企業が複眼的に諸シナリオを考察したうえで，将来何か起こった時に対応できる力を備えているのか，企業が将来にわたる不確実性を抑制するプロセスを持っているのかに強い関心を持っている。

第2章

アナリストの視点の根幹となる「経営基盤」の評価とは？
―金融危機から学んだ教訓の普遍性

 1 どうすれば「自己規律のある経営」は実現できるか？
―金融安定理事会（FSB）の指摘を踏まえて

　第1章では，海外投資家などから「日本の企業の経営の意志がよくわからない」との指摘があることを紹介した。こうした投資家のフラストレーションは，企業が「自己規律のある経営の実現」に向けて活用する「どのようなリスクをどの程度とるか」を決定するプロセスともなる「経営管理手法」を企業内外で共有化することで相当程度まで解消され得るだろう。「自己規律のある経営の実現」は，規制業種ではない事業法人でも重要であることはいうまでもない。

　「実効性のあるリスクガバナンス」は，「経営の実現」に向けて規律をもたらす。リスクガバナンスの概念は包括的な概念があり，本書では，資本コスト，リスク対リターンなどの観点を伴った「リスク管理を核とした経営管理手法」もこの概念に含まれると整理している。

　ここで，「自己規律のある経営の実現」の重要性がグローバルにクローズアップされた事例を紹介しよう。2008年の金融危機を経て「リスク管理」，全体的な「リスクガバナンスの枠組み」の脆弱性が露呈し，特に欧米では，企業情報の開示への信頼の毀損は甚だしかった。金融機関がさらされるリスクが急激に変化し，不適切な行為への関心が高まる中，規制対応中心のリスク管理では限界があるとの認識が幅広く共有されていった。

● 図表 2 − 1　FSBが公表した各種レポート ●

レポート名	公表時期
Principles and Implementation Standards for Sound Compensation Practices （健全な報酬慣行に関する原則と基準）	2009年
Thematic Review on Risk Governance （リスクガバナンスに関するテーマ・レビュー）	2013年
Principles for an Effective Risk Appetite Framework （実効的なリスクアペタイト・フレームワークの諸原則）	2013年
Guidance on Supervisory Interaction with Financial Institutions on Risk Culture A Framework for Assessing Risk Culture （リスク文化に関する金融機関と監督当局の相互作用に関するガイダンス—リスク文化の評価の枠組み—）	2014年

出所：金融安定理事会レポート等を参照した上で著者作成

　金融機関に本当に求めるべきことは，規制の遵守のみではなく，「自己規律のある経営の実現」であるとの認識が国際的に広がっていったのである。

　こうして，金融危機は，リスクガバナンスを柱とする金融機関の自主的な対応が求められるグローバルな潮流の契機となった。なお，FSBは，金融危機を経てリスクガバナンスなどについて**図表2−1**で示したようにさまざまな提言（レポートの公表）を行っている。

　本章では，リスクガバナンスを含めた「経営基盤」の実効性の確保に向けた示唆の1つとして位置づけられ得るFSBの諸提言などを念頭に，企業の課題と対応策などを紹介する。どの業界においても，堅固な「経営基盤」が重要であることは疑う余地がない。FSBの提言が万能薬であるかはともかく，海外M&Aを伴う企業のグローバル化が進む中，被買収会社も含めた企業グループ内で企業理念，戦略・方針などをグループ一体的に浸透させるためにも，透明性の高い「経営基盤」の重要性は高まっている。より具体的には，本章では，FSBの提言など踏まえて，以下の4点に焦点を当てて考察してみる。

●経営の意志「どのようなリスクをどの程度とるか」：**リスクアペタイト**

●目指す「経営の実現」に必須の規律：**リスクガバナンス**

●「経営の意志」の浸透：**企業文化／価値観の共有**

●「規律ある経営の実現」へ動機づける手段：**報酬体系**

　また，4ポイントを考察する際に，リスクガバナンスに関連する用語を以下のように整理することにした。

〈リスクアペタイト〉：risk appetite

●企業が許容可能なリスクの範囲で，どのようなリスクをどの程度とり，どの程度の収益を目指すかという「経営の基本的な戦略」である。

〈リスクアペタイト・ステートメント〉：risk appetite statement

●リスクアペタイトを文書化したものである。

〈リスクアペタイト・フレームワーク〉：risk appetite framework

●リスクアペタイト・フレームワークとは，リスクアペタイトが構築・伝達・モニターされるアプローチ全体を指す。

〈リスクガバナンス〉：risk governance

●取締役会の役割・責任，全社にわたるリスク管理機能などの独立評価を包含する概念であり，「自己規律のある経営」につながるものである。リスクアペタイトを明確に設定したうえで，企業内外で共有化されて自己規律が働くような実効性のあるリスクガバナンス体制を整備することがポイントとなる。

〈リスク文化〉：risk culture

●リスク管理を核とした経営管理をするうえで基礎となるのは企業文化であり，経営トップのリスク管理を核とした経営管理に対する積極的な姿勢や

こうした経営管理を重視することを動機づける評価体系などが重要である。

〈リスクリミット〉

●リスクの種類，子会社などの単位ごとに定められた経営管理上のリスク上限を指す。

〈資本配分〉

●リスクアペタイトに基づいて各事業ユニット・子会社などに使用可能な資本を割り当てることをいう。

〈重要なリスク〉

●企業の財務の健全性，業務継続性などに極めて大きな影響を及ぼすリスクを意味する。

〈エマージングリスク〉

●環境変化などによって新たに現れてくるリスクを指す。

 ## 経営の意志「どのようなリスクをどの程度とるか」： リスクアペタイト

　金融機関のみでなく，事業会社でも「どのようなリスクをどの程度とり，どの程度の収益を目指すかという『経営の基本的な戦略』」を取締役会で承認，監視・モニターし，さらにリスクアペタイトを社内で共有することの意義は大きいと考えられる。

　リスクアペタイトの明確化は，組織のリスク文化の醸成に必須といえよう。また，リスクアペタイトが明確であれば，取締役・監査役は，法令などへの違反行為だけではなく，リスクアペタイトの範囲から外れる行為などを監視することが容易になる。内部監査部門は，規程違反を検証するだけではなく，リスクアペタイトに照らし合わせて，経営上の問題点を監査

することが容易になる。

　海外に目を向けると，英国の会計基準設定の権限などを有する財務報告評議会（Financial Reporting Council：以下，FRC）は，「リスク管理，内部統制および関連する業務・事業報告に関するガイダンス（Guidance on Risk Management, Internal Control and Related Financial and Business Reporting：以下，当ガイダンス）」（2014年9月公表）において，取締役会のリスク管理および内部統制に関する最終責任について，以下のように述べている（一部抜粋）。

> ● 組織が直面しているリスクを特定し，取締役会が主要なリスクについて頑強な評価ができるような適切なリスク管理および内部統制システムの設計・実施
> ● 組織が直面する主要リスクの特性・その程度および企業が戦略目標達成に向けて自らの意志でとるリスク（「リスクアペタイト」）の特定
> ● 適切な企業文化の組織全体への浸透など

　また，事業会社の年次報告書においても，取締役会に留保されている重要事項として，「リスクアペタイト」が記載されている（**図表5－2**・80頁）。まず，アナリストは，企業が戦略目標達成に向けて，自らの意志でとるリスクの特性・リスクの程度を切り口として，企業と対話してみたらどうだろうか。

3 目指す「経営の実現」に必須の規律：リスクガバナンス

　「自己規律のある経営の実現」に向けて，規律をもたらす「リスクガバナンス」に関して企業における実態はどうなのか？　FSBは，金融危機の根本原因であるリスクガバナンスに関する諸課題として，金融機関における①リスク文化の弱さ，②グローバルな金融危機やその他の重大なリスク事象やコンプライアンス事象などへ対応する体制の脆弱さを指摘している。

　以下で，より具体的に，FSBなどによって金融危機時に指摘されたリスクガバナンスに関する諸課題を紹介する。

- ●組織内のリスク認識の共有のしくみの欠如
- ●リスク文化の醸成の失敗
- ●リスクを専門に審議する機関の不設置
- ●リスクに関する専門性を有する取締役の不在
- ●リスクに関する情報が適時，適切に報告される体制の不在
- ●リスク管理の専門性を有したCRO（チーフ・リスク・オフィサー）の不在（また，いたとしてもあまり権限を付与されていない）
- ●リスクに関する取締役会とのコミュニケーションラインが未整備
- ●グループレベルでのリスクの捕捉，管理の欠陥

　たとえば，FSBなどが，金融危機時に認識した金融機関の機能不全の要因の1つとして挙げた「リスクに関する取締役会とのコミュニケーションラインが未整備である状況」であるとしたら，取締役会が実効的な役割を果たすことは至難の業である。企業がリスクアペタイトを明確化して，取締役会の承認，監視・モニターを受ける実効的なプロセスが，有効なガバナンスの必須条件の1つともいえよう。

　金融機関に限定しても，FSBが金融機関に期待するリスクガバナンスの枠組みは，必ずしも定型的なもののみが機能するとはいえないことが想定され，事業法人についてはなおさらだろう（たとえば，リスク委員会の位置づけ，CROの存在，監査委員会の存在・その役割，内部監査のレポーティングラインなどさまざまな構成要素が法域，業種，企業によって枠組みが異なり得ると考えられる）。このような差異を考慮した上でも，セクターにかかわらず企業全般にとって，リスクガバナンスの実効性についてのFSBの考察は，有用な示唆の1つとなり得ると考えられる。

　企業文化を根づかせ，ビジネスモデルの特性に応じた適切なリスクガバナンス体制を企業が確実に維持するために，FSBが取締役会をはじめとし

た企業内の各関連組織や役職に期待している役割がある。FSBの提言など
も参考として，リスクガバナンスの担い手の特性を**図表2－2**のように整
理してみた。

●図表2－2　リスクガバナンスの担い手とその役割：用語の整理（例）●

取締役会	企業のリスクアペタイトの承認，監視・モニター（事業ユニットごとのリスクアペタイトとの整合性，リスク管理の枠組みの実施に向けた方針・手続も含む）。
監査委員会	リスクガバナンスの枠組みに係る独立評価のレビュー状況を監視。
リスク委員会	リスク戦略のレビュー・推奨，リスク管理の実行状況を監視。
CEO（最高経営責任者）	CFOやCROと連携し，経営の意志をリスクアペタイトとして明確化（全体的な事業戦略などを策定）。
CFO（最高財務責任者）	リスクアペタイトに基づいて，各事業ユニットの利益，資本配分，予算について計画を策定，モニター，取締役会へ報告。
CRO（最高リスク責任者）	リスク管理，リスクアペタイト・フレームワークの運営状況の監視。リスクアペタイトとの関連性を示したリスクプロフィールをモニターして，定期的に取締役会へ報告。
事業部門	リスクリミットの割当てを受け，事業展開，事業ユニットにおけるリスク管理のプロセスを確立（例：モニタリング，リスクリミットのモニター，抵触に係る調整等）。CROやリスク管理部門の独立した立場からの業務を妨害しない。
リスク管理部門	企業理念などを前提に，自らの意志を持ってとるリスクと許容し得る損失を定めて，財務基盤を維持しつつ収益性の維持・向上を図り，企業価値の継続的な拡大を目指す経営の核となるリスク管理業務の実施。重要なリスク，エマージングリスクの洗い出し，リスクアペタイトを反映する指標，報告指標の抵触に関する調整，ストレステストの実施なども含むリスク管理の枠組みの設計，モニター，改善。
内部監査部門	ガバナンス，リスク管理，コントロールの有効性の評価・見解を表明。

出所：金融安定理事会「リスクガバナンスに関するテーマ・レビュー」等を参考にした上で著者作成

● 図表 2 － 3　グループ経営のあり方—リスクガバナンスの視点を踏まえて ●

将来を見据えた事業環境変化の認識 ⇒ リスクテイクの方針のあり方
● グローバル化，技術革新などによる企業を取り巻く競争環境の非連続な変化
● エマージングリスクも視野に入れるか否かが事業の持続可能性に影響

● 環境の変化を捉えたグループ全体，地域・事業分野・リスクカテゴリーの
　単位ごとのリスクテイク方針とは？

リスクガバナンス
● 取締役会の役割・責任，全社にわたるリスク管理機能などの独立評価を
　包含する概念，「自己規律のある経営」につながるもの
● リスクアペタイトを明確に設定したうえで，企業内外で共有化されて
　自己規律が働くような実効性のある体制整備がポイント

業績評価・経営資源配分	**投資家・アナリストとの対話**
● リスクアペタイトに即して各事業分野に関わるリスクを適切に評価し，経営資源を配分	● リスクと業績に関するKPI等を用い，業績目標とその結果についてわかりやすく説明

出所：著者作成

　アナリストは，企業を評価する際に以下の観点でチェックしてみたらどうだろうか。

● 取締役会と経営陣がそれぞれに有効に機能しており，企業グループのリスクアペタイト・フレームワークが経営陣および関連スタッフに明確に理解されているか？
● リスクアペタイトに即した対応が企業グループの各レベルにおける意思決定に組み込まれているか？

　また，リスクが多様化し，急速に変化する中で，海外展開，新規ビジネスにも適合できるようなグローバルなリスクガバナンス体制を構築するこ

との重要性が増していると考える。アナリストは，企業グループ内で，地域・事業分野・リスクカテゴリーなど，さまざまな視点が存在し得る中で，リスクアペタイト・フレームワークのあり方が，グループ横断的・整合的な形で企業グループのすべての適切なレベルにおいて組み込まれているか否かなどについて，企業との対話で確認してみたらどうだろうか。

〈トピック〉3つの防衛線における内部監査の役割とは？

　さらに，リスクガバナンスの担い手に注目する中で視界に入るのは，内部統制の基本的な概念である「3つの防衛線」（①事業部門：第1の防衛線，②リスク管理部門：第2の防衛線，③内部監査部門：第3の防衛線）である。「3つの防衛線」は企業がリスク管理を行ううえでの1つの手段であり，各防衛線の役割を定型的・形式的に捉える必要はないだろう。

　企業が組織の実情を十分に踏まえ，形式を整備するのにとどまらず，適切にリスク管理を行うことのできる体制を有しているのか，アナリストは企業と対話して確認してみるとよいだろう。

　一部の主要企業グループでは，企業の防衛線の第2線（リスク管理）に十分な専門性を有した人材が配置されて，リスク管理を核とした透明性の高い経営管理手法が整備・運用されている。こうした経営管理の枠組みが，企業グループ全体で共有化されて，PDCAサイクルが回されている事例も見受けられる。

　さらに，第3線（内部監査）については，企業を取り巻く環境の変化が激しい中で，組織体の運営に関する価値の付与につながる独立的，客観的な視点からのアシュアランスおよびコンサルティング活動をすることへの期待が高まっている。昨今の上場会社の不祥事を見ていると，内部監査が十分機能していないとの指摘が見受けられる。内部監査の実効性を高めることが喫緊の課題であるともいえよう。内部監査部門は，組織上，最高経営者に直属しつつ，取締役会および監査役（会）または監査委員会への報告をするルートが確保されている組織形態も想定される。また，社内のリ

スク領域の詳細を知ることが必ずしも容易ではない社外役員が実効的にその機能を発揮するためには，社外役員と内部監査との連携が重要であるといえよう。

　M&Aも伴う日本を本拠地とする企業のグローバル化が進む中，内部監査人協会（The Institute of Internal Auditors：以下，IIA）による国際的なスケールでの内部監査専門職としての啓発活動，内部監査の実務基準の策定，公認内部監査人（Certified Internal Auditor：以下，CIA）等の資格認定をはじめとする活動が視野に入ってくる。IIAは，グローバルな内部監査のデファクトスタンダードを設定しているといえよう。

　IIAは，グローバルに内部監査のバイブルと見なされている専門職的実施の国際フレームワーク（International Professional Practices Framework：以下，IPPF）を取りまとめている。IPPFは，必須のガイダンス，推奨されるガイダンスからなっている。このうち，必須のガイダンスは，①基本原則，②内部監査の定義，③倫理要綱，③内部監査の専門職的実施の国際基準で構成されている。さらに，推奨ガイダンスは，①実施ガイダンスと②補足的ガイダンスから構成されている。ここでは，IPPFのなかで触れられている，内部監査の定義，ガバナンス，リスク管理に関連する記述などを紹介してみよう（以下で紹介する内容は，一般社団法人日本内部監査協会が，IIAによりとりまとめられたIPPFを翻訳したうえで出版した「専門職的実施の国際フレームワーク　2017年版」の記述を抜粋したものである）。

〈内部監査の定義〉

　内部監査は，組織体の運営に関し価値を付加し，また改善するために行われる，独立にして，客観的なアシュアランスおよびコンサルティング活動である。内部監査は，組織体の目標の達成に役立つことにある。このためにリスク・マネジメント，コントロールおよびガバナンスの各プロセスの有効性の評価，改善を内部監査の専門職として規律ある姿勢で体系的な手法をもって行う。

〈内部監査の専門職的実施の国際基準：序〉

　内部監査は，目的，規模，複雑さおよび構造を異にした組織体のために，組織体の内部の者または外部の者により，法的および文化的に多様な環境のもとで行われる。こうした相違によってそれぞれの環境のもとでの内部監査の実務が影響を受けるとしても，内部監査人と内部監査部門がその職責を果たすために，「内部監査の専門職的実施の国際基準」に適合することが肝要である。

〈実施ガイド2110—ガバナンス〉

　内部監査部門は，次の事項に係る組織体のガバナンス・プロセスを評価し，ガバナンス・プロセスの改善のための適切な提言をしなければならない。
- 戦略的意思決定および業務上の意思決定
- リスク・マネジメントおよびコントロールの監督
- 組織体における適切な倫理観と価値観の向上
- 組織体の有効な業績管理とアカウンタビリティの確保
- リスクとコントロールに関する情報の，組織体の適切な部署への伝達
- 取締役会，外部監査人，内部監査人，他のアシュアランスの提供者および経営管理者間の連携と，これらの者の間での情報伝達

〈基準2120—リスク・マネジメント〉

　内部監査部門は，リスク・マネジメント・プロセスの有効性を評価し，リスク・マネジメント・プロセスの改善に貢献しなければならない。

解釈指針：
　リスク・マネジメント・プロセスが有効であるか否かの判断は，内部監査人の以下の項目の評価に基づく。
- 組織体の目標が，組織体の使命を支援し，かつその使命に適合しているかどうか
- 重大なリスクが識別され評価されているかどうか

● 適切なリスク対応が選択され，諸リスクを組織体のリスク選好（RA）に沿ったものにしているかどうか
● 関連するリスク情報が適時に組織全体として捕捉かつ伝達され，組織体の職員，経営管理者および取締役会が職責を果たすことができるようになっているかどうか

　内部監査部門は，この評価の基礎となる情報をさまざまな内部監査の個々の業務を通じて収集する場合がある。これらの個々の業務の結果を合わせて検討することにより，組織体のリスク・マネジメント・プロセスとその有効性を理解することができる。

　ちなみに，日本における内部監査の啓蒙活動に精力的に取り組んできている日本内部監査協会は，グローバルなデファクトスタンダードと見なされているCIAの資格試験の実施を受託しており，日本におけるCIA資格保有者は，増加を続けている。

　昨今，内部監査体制の強化の余地がある諸事例が散見される中，専門性を有し，グローバルスタンダードが内部監査に求める役割をよく理解した内部監査人が増加する方向性にあるといえよう。また，内部監査部門に組織全体の事業や経営戦略を理解した人材（たとえば，経営陣候補）を配置するといったキャリアパスを示し，内部監査部門の地位が向上してきている企業も見受けられる。

　さらに，企業が，内部監査機能について外部評価（通常，大手監査法人や日本内部監査協会が実施）を受けているのが一般的となってきている。こうした外部評価は，通常IIA基準に則って，内部監査体制の構築状況や高度化に向けた必要な取組みなどが対象となっている。

　以上のようなグローバルな内部監査に対する期待を示すIPPFの視点も念頭に，グローバル化を進める企業グループのリスクガバナンスの枠組みの一環としての内部監査体制の実効性の評価に向けて，アナリストは，企業と対話してみたらどうか。

　第5章でも触れているが，主要な欧州のグローバル企業は事業会社においても，取締役会にとっての重要事項として，ガバナンス，リスク管理，リスクアペタイト，内部監査などを年次報告書に開示している。グローバル化が進み，グループ一体経営を志向する日本の企業グループの中でも，リスク管理体制や内部監査体制を含めたリスクガバナンスの強化にさらに力を入れる事例が見受けられる。

　アナリストは，リスクガバナンスの実効性の観点からも，企業と対話することで，持続的な企業価値創造に不可欠な経営基盤の評価につなげてみたらどうか。アナリストは，FSBの期待に沿った体制の形式的なチェックをすることに留まることなく，企業によるリスクテイクに関して健全な規律が働いている実態を確認してみるとよいだろう。

　「経営の意志」の浸透：企業文化／価値観の共有

　リスクに関するものも含めて企業文化は，企業を取り巻く事業環境の変遷に加えて，企業による買収・合併などの影響を受けるケースも想定され得る。企業が，自らの企業文化にフィットする被買収会社を選定することから始まり，時間の経過とともにグループに企業文化がさらに深く浸透して，企業グループの価値観が共有化されていくことを期待したい。

　海外での買収などを伴う企業のグローバル化が進む中，企業グループの内部には，各企業の業務を行うときの異なる環境に応じたサブ文化（たとえば，海外の被買収会社における特有の文化）が存在するかもしれない。しかし，サブ文化は，企業グループの全体的なリスク文化を支援する価値観に則ったものであるべきだろう。まず何よりも，企業グループの従業員が，あらゆる分野で，適法かつ倫理的な方法で業務を遂行することが期待される。顧客にとっての公正な結果を重視する姿勢を含め，高潔さ，誠実であることを促進する環境が企業グループ全体で形成されることが極めて重要であると著者は感じている。

アナリストは，企業グループ全体を通して，信奉されている価値観の浸透状況，リスクの共通の理解と認識が確保されているのかについて確認を試みるとよいだろう。より具体的には，「トップの基本姿勢」と企業全体の姿勢とが整合的になるような価値観が伝達されて，それがすべての階層に浸透しているかをチェックするとよいだろう。

 「規律ある経営の実現」を動機づける手段：報酬体系

FSBは「健全な報酬慣行に関する原則」において，報酬体系が，短期的な視点からの成果に重きを置き，結果として経営陣による過度なリスクテイクを促していた可能性を指摘している。欧米では，日本における終身雇用制などの雇用慣習は一般的ではない。たとえば，欧米では，成果を重視する環境で，さまざまな組織に身を置く経験を伴う転職を繰り返して，多様な人脈を形成しつつキャリアアップして経営のプロフェッショナルとなる人材は少なくない。

こうした中で，報酬体系はまさに経営陣の成果を測る尺度であり，経営陣をどのように動機づけるかがポイントとなる。FSBが指摘した金融機関のリスク・エクスポージャーに重要な影響力のある職員や経営幹部に関する報酬体系のあるべき姿についてその一部を以下で紹介する。

- 報酬の相当部分は業績に連動した変動報酬とする。
- 最高経営幹部などは，変動報酬の割合を大幅に高くする。
- 報酬体系の尺度として用いる指標が，過度なリスクテイクを促すものではなく，長期的な目標を奨励するものになっている。
- 報酬体系が，リスク・リターンのトレード・オフ分析に基づいて管理職に報いる内容であり，かつ戦略目標やその他の目的に合致している，など。

アナリストは，以上FSBなどが指摘したポイントを踏まえて，分析対象の企業の将来を見据えて「自己規律のある経営が実現できる可能性が高い

か否か」の評価につなげてみたらよいだろう。たとえば，以下のような観点などを踏まえたうえで企業と対話してみたらどうだろうか。

- リスク対リターン分析，シナリオ分析，資本効率の向上，財務基盤の維持，企業価値の向上などの諸観点からの検討を踏まえたリスクアペタイト；「どんなリスクをどの程度とるか」を捉える戦略的なリスク管理の枠組みがいかに機能しているのか？
- リスクアペタイトについて，その承認，監視・モニターに取締役会が積極的に関与した上で，経営陣や事業部門からの理解・協力が得られており，さらにはリスクアペタイトが組織の戦略的な目標，資本配分を含めた経営資源の配分と整合しているか？
- リスクアペタイトを踏まえた事業リスクを完全に理解したうえで，明確に定義されたリスクアペタイト・フレームワークが策定され，選択したリスクリミット内にリスクを抑える機能が存在し，実際にリスクをリミット内に抑制してきたトラックレコードがあるか？
- リスク戦略に関する主要事項が，社内（取締役会，経営陣，事業部門）および社外（投資家・アナリストなど）にも，明確に伝達されているか？
- 報酬体系が，リスク管理を核とした経営管理に基づく目標と整合的な内容になっているか？

「第1章　今，なぜガバナンス・企業開示改革が求められるのか？」において，スチュワードシップ・コードおよびコーポレートガバナンス・コードの実効的な開示の促進に向けて，機関投資家と企業の対話において重点的に議論することが期待される事項の中に【経営陣の報酬決定】が含まれていることに言及した。

　海外アナリストが役員報酬体系に注目していることは，FSBが指摘した金融機関のリスク・エクスポージャーに重要な影響力のある職員や経営幹部に関する報酬体系のあるべき姿と無関係ではないだろう。

　本章では，FSBの指摘を踏まえながら，アナリストの企業分析の基礎となる「企業の経営基盤」の特性について考察してきた。「企業の経営基盤

のあり方」は，企業の将来にわたる価値創造のあり方に大きく影響し得るところである。次章以降のアナリストの第3章～第6章（視点①～④）では，企業によるさまざまな開示事例を参照しながら，アナリストの分析の諸視点を紹介する。たとえば，本章でも付言してきた「経営の意志」，「『目指す経営の実現』に必須の規律」など諸観点も踏まえて，「第3章　アナリストの視点①：経営戦略の事業環境との整合性，ビジネスモデルの持続可能性」および「第4章　アナリストの視点②：重要性の増すリスク管理を核とした経営管理（ERM）の実効性」に関するアナリストの分析の諸視点を紹介したい。さらに，ガバナンス体制，国内外の雇用慣行の差異も踏まえたうえでの役員報酬体系の考察については「第5章　アナリストの視点③：形式要件の充足を超えたガバナンスの実効性とは？」に譲りたい。

実践編

▶▶▶▶トップインタビューについてのアナリスト達の感想─本音の例

アナリストA

　事業会社においても，リスク対リターン分析，シナリオ分析，資本効率の向上，財務基盤の維持，企業価値の向上などの諸観点からの検討を踏まえた「どんなリスクをどの程度とるか」を捉える戦略的なリスク管理の枠組みについて取締役会でも実効的な議論がされていることを確認したいところだよね。企業グループ全体に戦略的なリスク管理が浸透して「どのようなリスクをどの程度とるか」が明確に伝達されているか否かは，企業が将来を見据えて不確実な事業環境変化を乗り越えて，想定外の下振れなくキャッシュ・フローを創出する蓋然性を評価する際に重要だよね。

アナリストB

　特に海外M&Aを伴うグローバル化が急速に進んでいる企業グループについて，共有する企業文化が確認できて，リスクに関する情報を社内および社外に伝達されていると安心感があるよね。役員報酬制度が，リスク対リターンを勘案した戦略的なリスク管理を裏づけとした目標と関連づけた内容になっているかもチェックしたい。

アナリストA

　企業が，全社的な事業ポートフォリオのリスク対リターンの最適化を意識した意思決定をする枠組みを一貫して用いてきた実績があるとプラスの評価が視野に入るよね。たとえば，リスク対リターンの視点から，どのような全社的な事業ポートフォリオを目指すか，目指す事業ポートフォリオを実現するための資本戦略の説明を聞けると，戦略の合理性についてより説得力があるよね。

第3章

アナリストの視点①： 経営戦略の事業環境との整合性， ビジネスモデルの持続可能性

 戦略は激変する事業環境と整合的か？

(1) 事業環境の変化を事業機会に変えられる戦略か？

第1章でも付言しているが，「コーポレートガバナンス・コードの改訂と投資家と企業の対話ガイドラインの策定について」では，「(中略) 多くの企業において経営環境の変化に応じた果断な経営判断が行われていないとの指摘がなされていることについては重く受け止める必要がある。」と述べられている。

中長期的にも，グローバル化，従来にないスピードで進展する技術革新，国内の人口動態変化に伴う市場構造の変化など，企業を取り巻く環境は大きく変化していくだろう。さまざまな不確実性を伴う環境下で，企業が，将来を見据えつつ，PDCAサイクルを通じて，持続的な価値創造に向けて事業選択を含む適時適切な経営判断を行うことの重要性が増している。アナリストは，たとえば，以下のような観点から，企業と対話してはどうか。

- 企業の経営陣が，中長期的な視点も含め，技術革新の行方，競争の行方も含めた事業リスクおよび機会などの事業環境をどのように認識しているのか？

　そして，経営陣の認識を確認したうえで，以下のポイントなどについて考察してはどうか。

- アナリスト自らが，企業の事業環境認識を妥当だと評価できるか？
- また自らが考える企業を取り巻く事業環境の特性と企業の戦略は整合的であると評価できるか？
- 企業が戦略の遂行状況のモニターや適時適切な見直しを行う経営能力を持っていると評価できるか？　―経営陣が，将来の発生する諸シナリオへの対応力を発揮する蓋然性が高いと評価できるか？

　アナリストは，このように企業を取り巻く事業環境が大きく変化する中で，開示された情報を手掛かりとした対話を通じて，企業の持続的なキャッシュ・フロー／企業価値の創出力に関する評価の入り口に立つことになる。たとえば，経営陣が将来を見据えて各事業部門を適切に検証したうえで判断して，規律ある事業選択を行う可能性は高いだろうか？

　ここでは，経営計画の達成状況の確認に加えて，未達の場合にもその原因を見極め，それが経営陣の行動に起因するところが大きいのか，または経営陣が複眼的に熟考したうえでも不可避な外的要因によるところが大きいのかなどを確認するとよいだろう。

　日本の企業の中でも，事業機会のみでなく，事業リスクを直視する形で事業環境を認識して，事業構造改革に向けて果断な経営判断に臨んでいる企業がある。企業の経営者による事業環境の認識およびそれを踏まえたビジネスモデル変革の開示例として，「MUFG再創造イニシアティブ」を掲げている三菱UFJフィナンシャル・グループ（以下，MUFG）の開示（CEOメッセージ）の一部を紹介しよう。

(2) 事例：MUFGのCEOメッセージ
―不可逆的な構造変化を見据えた価値創造へ

　MUFGの「ディスクロージャー誌2018」本編に，「いかなる環境変化も克服し強靭なMUFGを再創造する。―シンプル・スピーディー・トランスペアレント―」と題されたCEOメッセージが掲載されている。財務面で当初計画比より下振れした中で，「問題はどこにあるのか」という視点からの多岐にわたる考察を行ったうえで，CEO自らが認識する課題が示されている。諸課題の考察に加えて，デジタルトランスフォーメーションは，取組み次第で既存の金融機関にも大きな恩恵をもたらすはずだと指摘している。以下，CEOメッセージの中での「新中期経営計画」に関する原文を紹介する。

新中期経営計画
新しいビジネスモデルを構築するための変革期

　MUFGが直面する極めて困難な状況に立ち向かうべく，私たちは2016年の夏にグループの将来を担う次世代のリーダー達を集め，新たな環境の中で，永く風雪に耐える金融グループを一から構想し直すことをめざして「プロジェクト・クレアーレ」を立ち上げ，「シンプル・スピーディー・トランスペアレント」なグループ一体型の経営と，大胆なビジネスモデルの変革を断行すべく「MUFG再創造イニシアティブ」を決定しました。その基本戦略のもと，施策の具体化を図ったのが新中期経営計画（以下，「新中計」）です。

　先程も述べたとおり，前中計が大幅な未達成に終わった真因は，掲げた目標と組織的対応力のギャップにあります。国内の伝統的な商業銀行事業を基軸とする既存のビジネスモデルと現在のグループ運営体制では，最早持続可能な成長を望み得ない。この「不都合な真実」に正面から向き合い，未来志向の構造改革に取り組むことで，ステークホルダーの期待に応え，誇りを持って次世代に引き継ぐことのできる強靭なMUFGを再創造することこそ

が，私たちの志すところです。

　そのためには，第一に，変化する顧客・社会のニーズを的確に捉えるために事業セグメントを再定義すること，第二に，ソリューション提供のためにグループが有するリソースを有効かつ最も効率的に発揮する運営体制を再構築すること，第三に，MUFGのコアコンピテンスを発揮でき，かつ成長性の高い事業領域に焦点を絞って施策の柱を設定することが必要です。こうした思い切った構造改革を実現するためには，従来の中期経営計画期間である「3年」では足りません。そこで今回は敢えて「6年」の時間軸を設定し，最初の3年間に経営資源を投入し，最終年度には確かな手応えを感じるところへ，そして次期中計が完了する6年後までには，国内外で新たなMUFGの成長モデルを確立することをめざします。

　以上のように，CEOメッセージでは，困難な課題に正面から向き合う，未来志向の構造改革「MUFG再創造イニシアティブ」に触れている。その基本戦略のもと，施策の具体化を図ったのが「新中計」であるとし，その中で，改革の時間軸は「3年では足りないと考えて，6年の時間軸を設定して6年後までには，国内外で新たなMUFGの成長モデルを確立することを目指す」としている。

　図表3－1で示されるように，こうした時間軸を想定する中で，体制・枠組みの構築，収益構造の改革に加えて，「カルチャーや行動等の定着」に触れている。アナリストは，本書第2章4の「『経営の意志』の浸透：企業文化／価値観の共有」の内容を勘案して，企業と対話してみるのもよいのではないか。

　また，新中期経営計画を新しいビジネスモデルを構築するための変革期と位置づけ，グループ一体経営と，大胆なビジネスモデルの変革を断行する「MUFG再創造イニシアティブ」を決定したとしている。国内の伝統的な商業銀行事業を基軸とする既存のビジネスモデルと現在のグループ運営体制では，最早持続可能な成長を望み得ないとしている。また，MUFG

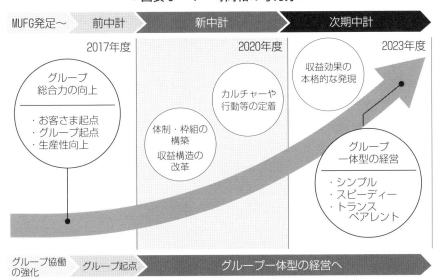

● 図表 3 - 1　時間軸の考え方 ●

出所：三菱UFJフィナンシャル・グループ「MUFG Report 2018　ディスクロージャー誌2018本編　統合報告書」，14頁

を再創造するために3つのポイントの1つとして，変化する顧客・社会のニーズを的確に捉えるために事業セグメントを再定義することを挙げている。以下で，その原文を紹介しよう。

事業セグメントの再定義

　第一の「事業セグメントの再定義」では，日系顧客と非日系顧客，リテール・ミドルマーケットとホールセールの2軸／4象限のセグメントに法人・リテール，コーポレートバンキング，グローバルCIB並びにグローバルコマーシャルバンキングの各事業本部を設置し，既存の機能軸組織である受託財産，市場と合せ6事業本部体制としました。

　国内のリテール・ミドルマーケットでは，課題が山積しています。

　まず，コンシューマーの領域では，アコムが長いトンネルから抜け出し収益の柱となると同時に，デジタルを活用したビジネスに新たな可能性が広が

りつつあります。一方，傘下の銀行においては3,400万人の個人顧客・130万社の法人顧客を擁しながら，預金・貸出中心の伝統的なモデルから脱却できておらず，レガシーコストへの対応も喫緊の課題となっています。今回のリテール・ミドルマーケットセグメントの統合は，こうした課題に照準を定め，従来リテール・法人両事業本部の狭間で十分に対応できていなかった，企業オーナー層のニーズを捉えるウェルスマネジメントビジネスなどの強化と営業店体制の抜本的な見直しを図ります。

　従来，国際事業本部中心に運営してきた海外のバンキングは，ホールセールとリテール・ミドルマーケットを分離します。前者はこれまで私たちの海外事業拡大の牽引役でした。

　リーマン危機後，欧米の金融機関がバランスシートの圧縮を余儀なくされる中で，MUFGは貸出シェアを伸ばし，米国やアジアの多くの国々で外銀中最大の貸手としてプレゼンスを高めました。しかしながら，マイナス金利政策などの影響による円投外貨資金調達コストの上昇と流動性の低下，規制強化に伴うコミットメントライン維持コストの上昇などによって取引採算は悪化し，貸出中心の量的拡大からの転換が必要になっています。

　一方，後者は，先程も触れたとおり順調に成長し，ASEAN4カ国に留まらず，米国西海岸のMUFGユニオンバンクを繋ぐ環太平洋のグローバル商業銀行事業プラットフォーム構築への展望が開けつつあります。相対的に高い市場成長率を考慮すれば，数年後には最大の顧客事業領域となる可能性を持っています。但し，各国市場内の競争は激化しており，有効な成長戦略と新興国特有の経済変動などに備えたリスク管理が重要です。

　以上のような再定義を行ったことを受けた組織再編を開示している（図表3－2）。

　また，CFOメッセージの中で「経営資源の配分と『リスク・アペタイト・フレームワーク』」のセクションで述べられている「経営資源である人的資源（ヒト）・システムおよびファシリティ（モノ）・資本（カネ）を適切に配分する計画」の背景にあるロジックについても，アナリストは，企業開示を糸口に企業とより深く対話してみたらどうだろうか。ちなみに，

●図表3－2　組織再編●

出所：三菱UFJフィナンシャル・グループ「MUFG Report 2018　ディスクロージャー誌2018本編　統合報告書」, 14頁

CFOメッセージでは，資本戦略について，「資本は，戦略出資等に活用することに加え，採算性や戦略性の面から定期的な出資戦略の見直しや投資回収等も行っていきます。また，事業本部別ROE計画を設定し，高採算の貸出資産への入替や資産の回転による収益性向上を通じ，資本の効率性を高めます。」としている。

　ここでは，アナリストは，第2章「経営の意志」がわかる「自己規律のある経営」の中で言及している「どのようなリスクをどの程度とるか：リスクアペタイト」や第4章の「アナリストの視点②：重要性の増すリスク管理を核とした経営管理（ERM）の実効性」の内容も念頭に，企業と対話することも視野に入るだろう。

　そして，CEOメッセージは以下のように締めくくられている。

終わりに

　リーマンショックから10年が経とうとしています。危機に直面した世界の金融機関が辿ったその後の異なる軌跡を見る中で，私が改めて痛感したのは次の3点です。第一，いかに自社のコアコンピテンスに忠実であるか。第二は，いかに大きな流れを読み取り明確な戦略を描くか，そして第三は，強いリーダーシップのもといかに迅速に行動を起こせるか。あの時，私たちの先達は身をもってそれを示してくれました。

　私たちが今直面している困難は当時を越えるものなのではないか？　なぜならそれは循環的なものではなく不可逆的な構造変化によるものであり，私たちの取るべき対応もそれに正面から立ち向かう大胆な変革でなければならない。私たちが「MUFG再創造イニシアティブ」を打ち出し，この4月に「再創造元年」をスタートさせたのは，そうした思いからです。長く，多くの難所が待ち受ける航程が始まります。予期しない荒天に遭遇することもあるでしょう。その際には，先程上げた三つの点を常に念頭に置いて進路を過たず進まなければなりません。そして，この航海を成功させるもう一つの鍵は，チームのコミットメントです。真の課題，多くの場合は「不都合な真実」を共有し，チームが一体となって解決に取り組むことです。そこまで行けば，答えはシンプルなものであり，実行のスピードも上がります。それが，私が掲げる行動様式「シンプル・スピーディー・トランスペアレント」の意味するところです。

　「世界に選ばれる，信頼のグローバル金融グループ」をめざして，新たなスタートを切った私共MUFGに，今後とも皆さまのご理解と一層のご支援を賜りますようよろしくお願い申し上げます。

　「困難は循環的なものではなく不可逆的な構造変化によるもの」として「不都合な真実」も直視したうえで，「取るべき対応もそれに正面から立ち向かう大胆な変革でなければならない」とのCEOの言葉を著者は非常に心強く感じる。

　企業を取り巻く環境が従来以上に目まぐるしく変化する中，アナリスト

自らの知見を継続的に磨く努力を積み重ねていくことが肝要だ。アナリストが企業と対話をする際に，経営者の経営環境の認識から気づきを得るケースも多々あるだろう。

　一方で，アナリストは，グローバルに活動するさまざまな業態の企業の事業環境の特性を知る機会を手に入れる努力をすれば，それらを得られる職業ともいえよう。こうした知見に基づくアナリスト自らの仮説が，必ずしも特定企業の経営陣による事業環境の認識と合致しないケースも想定されるだろう。アナリストは，さまざまな企業を分析する際に得た知見に基づき形成した自らの仮説に対して経営陣がどのように反応するのかを対話を通じて確かめてみたらどうだろうか。対話がアナリストおよび企業双方の「気づき」の機会となり，建設的な対話を積み重ねられていくことに期待したい。

 ## 熾烈な競争下でもビジネスモデルは持続可能か？

　アナリストの仕事では，個別企業の競争力や技術面での脅威などに対する耐久力，商品・サービスの戦略的な位置づけや顧客への訴求力などの諸観点から，「ビジネスモデルの持続可能性または脆弱性」について判断することがポイントとなる。

　技術革新などによる事業環境の変化が激しい業種は，経営環境の変化の果断な経営判断を行うことの難易度は高いと考えられる。そこで，以下では，企業が直面するリスクの洗い出し，さらには企業が直面するリスクを踏まえたうえで企業が志向するビジネスモデルの持続可能性について考察してみよう。

(1)　事例①：かつての先進的商品がコモディティ化したらどうか？

　ビジネスモデルの開示例があまりないので，仮想のビジネスモデルの持続可能性について考察してみよう。アナリストがビジネスモデルの持続性

について考察する際に，まず分析の対象とする企業を取り巻く事業環境（事業リスク・事業機会など）の洗い出しが重要である。たとえば，耐久消費財企業が直面するリスクおよび機会について考えてみよう。

　家電メーカーなどの耐久消費財企業の場合は，消費者が低価格製品を選好して他のメーカーの製品に流れてしまうリスクがある一方で，こうしたリスクは，継続的な技術革新や製品開発，ブランド力などによって抑制され得るし，技術革新による新たな競争力のある商品・サービスを提供する機会を得る可能性もある。家電メーカーなどの耐久消費財企業は，技術革新によって変化する商品・サービスに係る需要の伸びの見通しや業界の供給能力，販売促進のあり方など，将来も見据えた市場の状況に合わせて戦略を調整する必要がある。

　こうした事業環境の変化に対応する戦略の調整が成果を生み続ければ，耐久消費財企業が主導的な市場シェアの維持・増加を背景とした安定的な売上を実現して，生産費用をカバーできる利益の確保につながり得る。また，市場地位を維持するためには，少なくとも企業の生産する商品がある程度は技術面で差別化されることが重要である。資本集約的な企業にとっては，需要が大きく変動する可能性がある中でも，技術面での継続的な差別化などにより市場地位を維持し続け，経営効率が維持・向上していくことは競争力発揮に関する大きな要因となる。ここで経済効率を考察する際に，材料の加工と部品の製造を統合しているメーカーは，製品の設計と組み立て専門のメーカーより固定費率が高いことに留意が必要である。

　さらに，耐久消費財企業のケースについてアナリストの着眼点（例）について考察してみる。特定企業が独自の技術で開発した商品Aが消費者の支持を得て，国内で圧倒的なマーケット・シェアを獲得しているとしよう。しかし，中長期的な視点から見ると，消費者にとって商品Aが非常に魅力的であることが販売実績によってすでに証明されていることから，国内外で類似する商品を販売する競合他社が出現して当該企業のグローバルな市場地位の確立を阻むこともあり得るだろう。当該商品に係る技術の差別化

がそれほど容易ではないとしたら，競合他社は，性能などで遜色のない，より廉価な商品を生産してくることも想定される。こうした中，当該分析対象企業は，商品開発時の国内では確立したブランド力も発揮した国内外での好調な販売実績を見込んで事業（商品Aの生産・販売）の集中を伴う統合型の資本集約モデルを志向しているようにも見える。

　ここで，国内需要に加え本格的な海外需要の取り込み，踏み込んだ経営効率化などが進まないと固定費を吸収することが困難ではないかとの視点から，アナリストは企業と対話してみたらどうだろうか。さらに海外でのブランド力の強化なども含めて売上を維持・増加することができるか否かについてとても気になる旨を企業に伝えてみたらどうだろうか。アナリストが，こうした疑問を意識せざるを得ないにもかかわらず，将来を見据えた国内外を視野に入れた有効な戦略（海外のブランド／販売促進戦略，経営効率向上に係る戦略を含む）について開示ではあまり触れていないとしたら，ビジネスモデルの持続可能性を評価することが容易ではない。

　こうした場合，アナリストは，自らの当該企業を取り巻く事業環境認識と当該企業の経営陣の認識とを照らし合わせて，中長期的な視点から，当該企業のビジネスモデルの脆弱な側面を強く認識して企業分析に織り込み得るだろう。一方で，こうしたケースでも，仮にアナリストが開示および対話を介して，中長期的な視点から当該企業の経営陣によるビジネスモデルの持続可能性の認識とその根拠について説明を受けることができれば，当該企業のビジネスモデルの脆弱性に係る懸念を払拭することができるかもしれない。

(2)　事例②：ソニーのビジネスモデルの特性とソニーが認識する事業リスク
―優位な技術・消費者の嗜好の予測～価格競争力，魅力的で差別化した商品の迅速な開発で競争に挑む

　事業環境変化が激しい中で，企業自らが分析する事業リスクについて検討しよう。競争という事業リスクにうまく対処できなければ，ビジネス

● 図表 3 － 3　2019年度セグメント別業績見通し ［組替再表示］ ●

(億円)

		FY17	FY18	FY19	FY18比増減
ゲーム＆ネットワークサービス（G&NS）	売上高	19,438	23,109	23,000	△109
	営業利益	1,775	3,111	2,800	△311
音楽	売上高	8,000	8,075	8,300	+225
	営業利益	1,278	2,325	1,350	△975
映画	売上高	10,111	9,869	10,800	+931
	営業利益	411	546	650	+104
エレクトロニクス・プロダクツ＆ソリューション（EP&S）*	売上高	26,004	23,206	22,400	△806
	営業利益	1,331	765	1,210	+445
半導体	売上高	8,500	8,793	9,900	+1,107
	営業利益	1,640	1,439	1,450	+11
金融	金融ビジネス収入	12,284	12,825	13,300	+475
	営業利益	1,789	1,615	1,700	+85
その他全社（共通）及びセグメント間取引消去	営業利益	△876	△858	△1,060	△202
連結	売上高	85,440	86,657	88,000	+1,343
	営業利益	7,349	8,942	8,100	△842

＊組替再表示は米国会計原則に則った開示ではありませんが，ソニーは，この開示が投資家の皆様に有
　益な情報を提供すると考えています。米国会計原則準拠の数値との調整表は，「2018年度決算短信」
　P.27を参照。
出所：ソニー株式会社「2018年度連結業績概要」（2019年3月31日に終了した1年間），15頁

モデルは脆弱なものとなる。(1)で取り上げた「耐久消費財」の製造・販売
も主要な事業分野の1つと位置づけているソニーが認識するビジネスリス
クについて紹介しよう。

　その前に，ソニーのビジネスモデルは多様化しており，ビジネスモデル
（事業ポートフォリオ）の持続可能性を評価する際には，事業ポートフォリ
オの柱の1つである半導体分野（エレクトロニクス分野，含む耐久消費財）
に加えて，他の事業の柱が存在していることは十分考慮することが必要で
あることは特記しておく（**図表3－3**参照）。その上で，ソニーのエレクト
ロニクス事業に焦点を当ててみる。

　ソニーが，投資家の判断に重要な影響を及ぼす可能性のある事項として，
【事業等のリスク】として有価証券報告書2018年度版に記載した内容（一
部省略）を紹介する。

　ソニーは収益又は営業利益率の低下に繋がりかねない一層激化する競争を克服しなければなりません。ソニーは，業種の異なる複数のビジネス分野に従事しており，さらにそれぞれの分野において数多くの製品・サービス部門を有するため，大規模な多国籍企業から，単一又は数少ないビジネス領域に特化し高度に専門化した企業にわたって，業界の既存企業や新規参入企業などの多くの企業と競争しています。また，潜在的には現在ソニーに製品を供給している企業も競合相手となる可能性もあります。これらの既存の及び潜在的な競合他社がソニーより高度な財務・技術・労働・マーケティング資源を有する可能性があり，ソニーの財政状態及び業績は，当該既存及び新規参入の競合他社に効率的に対抗する能力にかかっています。

　ソニーが直面する競合要因は業種により異なります。たとえば，ソニーのエレクトロニクス事業は，競合他社との間で価格や機能を含む様々な要素で競争しています。（中略）エレクトロニクス事業における価格競争は，費用が価格の下落と比較して比例的に下落しない場合に低い利益率につながり，エンタテインメント事業における才能ある人材と魅力的な作品における競争も，そのような才能ある人材やコンテンツ製作・制作に必要とされる費用の増加を増収により埋め合わせできない場合には，収益力の低下につながる可能性があります。さらに，イメージセンサーのように，現在ソニーが強い競争力を持つと考えられる製品においても，競合他社の技術力の向上により，ソニーがその優位性を保てなくなる可能性もあります。また，コンシューマーエレクトロニクス事業においては，絶えず変化し，一層多様化する消費者の嗜好に訴求する製品を作るため，あるいは，消費者の多くが同種の製品をすでに保有しているという状況に対処するために，ソニーはより優れた技術を開発し，消費者の嗜好を予測し，競争力ある価格と特長を有する，魅力的で差異化された製品を迅速に開発する必要があります。ソニーは，様々なコンシューマー製品において，一層激化する競合他社との価格競争にともなう価格低下圧力の高まり，小売業者の集約化，新規の販売・流通チャネルの構築，及び製品サイクルの短期化に直面しています。（中略）

　仮に，ソニーが技術的，あるいはその他の競争力を持つ分野においてその優位性を保てなくなった場合や，ソニーのコンシューマー製品に対して頻繁に

影響を及ぼす継続的な価格下落又はその事業に影響を及ぼすコスト圧力について効果的に予測し対応できない場合，既存のビジネスモデルや消費者の嗜好が変化した場合，又はソニーのコンシューマー製品の平均価格の下落スピードが当該コンシューマー製品の製造原価削減のスピードを上回った場合には，ソニーの業績及び財政状態に悪影響を及ぼす可能性があります。

（出所：ソニー株式会社「有価証券報告書2018年度」）

　以上のように有価証券報告書2018年度版の【事業等のリスク】のセクションにおいて，ソニーがコンシューマーエレクトロニクス製品の競争力の源泉をどのように考えるか，また競争力を阻害する要因をどう考えるかなどについて，具体性を持って記載されている。こうした企業による事業リスクの認識に言及する企業情報の開示が，アナリストにとって活用価値が高い情報となる可能性が高い。また，その他の開示資料（IR資料を含む）についても，たとえば，各事業分野での（足元の業績のみでなく将来を見据えた）商品の市場構造の展望，市場ニーズに対応した付加価値を生み出す技術開発などについてイメージがしやすい開示は，企業による自らの事業

●図表３－４　イメージセンサー出荷金額推移イメージ●

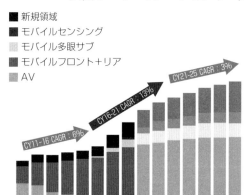

新規領域
・車載：ADAS市場の立ち上がり
　スピード変化無し
・FA：中長期的には成長市場
・セキュリティ：18年度後半－19年
　度前半は踊り場。19年度中には回
　復想定

モバイル領域
・多眼化＋大判化中心に市場拡大
・センシングの立ち上がりは想定よ
　り遅いものの，着実な採用進む

AV領域
・ハイエンドセンサー市場拡大に変
　化無し

出所：ソニー「Sony IR Day 2019資料」，145頁

● 図表 3 － 5　長期の事業戦略 ●

	FY19-21	Beyond FY21
市場環境	モバイル向けセンサー市場成長 モバイル3Dセンシング普及	センサー市場成長安定 ユースケース多様化
HW 事業戦略	積極投資 イメージングNo.1堅持 センシングNo.1へ	キャッシュフロー創出 新たなセンシングユース ケースを捉えた事業拡大
SW 事業戦略	SW戦略 パートナー戦略の仕込み	エッジAI処理と センサー HWの融合 リカーリング収益モデルの追求

＊HW：ハードウェア，SW：ソフトウェア
出所：ソニー「Sony IR Day 2019資料」，155頁

環境の認識とその認識を踏まえた競争力の発揮に向けた戦略のあり方などについて，アナリストと企業とのより深い対話につながり得るだろう。

　前述したような企業情報の開示が進むことは，将来も見据えたさまざまなシナリオ下でも，企業が次の一手を視野に入れ得るかという観点も含めて，ビジネスモデルが持続可能であるかについて深度ある評価を行おうとするアナリストにとっては朗報であるといえよう。

　企業との対話を介して，経営陣が，将来を見据えた形でさまざまなシナリオを検討したうえで，経営戦略を立て，PDCAサイクルを通じて，持続的な価値創造に向けて事業選択を含む適時適切な経営判断を行っていることをアナリストが確認できるケースもあるだろう。繰り返しにはなるが，アナリストは，さまざまな企業の経営者に接し，対話を含めてさまざまな洞察力を磨く大変貴重な機会を得られる職業である。アナリストには，こうした機会を生かして，インベストメント・チェーンの中で情報仲介者としての資本市場への貢献が期待されている。

実践編

▶▶▶▶トップインタビューについてのアナリスト達の感想—本音の例

アナリストA

　企業戦略の履行能力について，具体的な財務・事業目標と，それを達成する手段が明確に盛り込まれたしっかりした戦略策定プロセスが確認できたら，企業のプラスに評価できる。今回，戦略策定プロセスを持っている話は聞けたけど，踏み込み気味で質問してもあまり深い話は出てこなかったよね。また，具体的な財務・事業上の目標を教えてもらえなかった。仮に目標が示されても達成する手段がよくわからないと評価し難い。

アナリストB

　そうだね。経営陣の戦略の履行能力を何で推し量るといったら，業務運営上のリスクの顕在化による収益やキャッシュ・フローの予想外の落ち込みを生じさせたことがないことに尽きる。

アナリストA

　そのとおり。経営陣は企業の主要事業部門のすべての運営において，かなり豊富な専門知識と経験があって，良好な実績をあげることができれば評価できるよね。

　ちなみに，欧米の企業のマネジメント・ミーティングでは，CEOとCFOだけがスピーカーで，アナリストミーティングに臨む企業もある。欧米のCEOやCFOは，企業の業績が報酬に大きく反映される。結果が伴わなければ責任が問われるし，責任を背負っているとの思いが伝わってくる経営陣が少なくない。責任を果たすことにコミットした非常に有能な経営陣がいる場合，仮に要となっている人材がいなくなっても，持続的な企業価値向上を可能とするような経営陣のサクセッションを視野に入れた人材の厚みが重要だよね。

アナリストB

　企業に示された戦略と事業環境が整合的だと思えないと，戦略がしっかり履行される可能性が低いと考えざるを得ないよね。一方で，将来の事業環境の変化を視野に入れて，効果的な変革を前倒しで実施したり，市場でのリーダーシップを発揮してきたことがあれば，プラスに評価できる。

アナリストA

　そうだね。経営戦略が，市場環境を整合的な内容になっていて，企業の身の丈に合ったものだと実際に戦略が履行される可能性が高いと評価しやすい。経営陣

が，戦略の具現化に向けて方向感を持った行動に移すことができている企業は評価できるよね。そういう企業は，経営陣には，財務・事業目標の大半を実現した実績を伴い，競合他社より安定的に目標を達成しているケースが少なくない。

参考資料 金融庁「記述情報の開示に関する原則」（抜粋）①

Ⅱ．各論
1．経営方針経営環境及び対処すべき課題等
1－1.経営方針・経営戦略等

〔法令上記載が求められている事項〕
　経営方針・経営戦略等の記載においては，経営環境（例えば，企業構造，事業を行う市場の状況，競合他社との競争優位性，主要製品・サービスの内容，顧客基盤，販売網等）についての経営者の認識の説明を含め，企業の事業の内容と関連付けて記載することが求められている。

（考え方）
- 経営方針・経営戦略等は，企業がその事業目的をどのように実現していくか，どのように中長期的に企業価値を向上するかを説明するものである。
- 経営方針・経営戦略等については，投資家がその妥当性や実現可能性を判断できるようにするため，企業活動の中長期的な方向性のほか，その遂行のために行う具体的な方策についても説明することが求められる。
- また，経営方針・経営戦略等については，背景となる経営環境についての経営者の認識が併せて説明される必要がある。
　これにより，投資家は，
　・当該認識の妥当性や，
　・経営方針・経営戦略等の実現可能性
　を評価することが可能となる。

（望ましい開示に向けた取組み）
①　経営方針・経営戦略等は，記述情報の中でも特に経営判断の根幹となるものであり，開示に当たっては，
　・経営者が作成の早期の段階から適切に関与すること
　・取締役会や経営会議における議論を適切に反映すること
　が期待される。
　（注1）経営者の関与の観点からは，年次報告書など他の開示書類において，経営者のメッセージを記載している場合に，これを有価証券報告書において活用していくことも考えられる。その際には，経営方針・経営戦略等に焦点をあてながら，有価証券報告書に記載すべき要素が適切かつ十分に含まれるよう，留意が必要である。

（注2）取締役会や経営会議における議論を反映する観点からは，これらの会議において議論された中期経営計画が存在する場合，経営方針・経営戦略等の遂行のための具体的な方策の記載に当たり，中期経営計画を活用することも有用である。その場合には，単なる中期経営計画の引用ではなく，中期経営計画の進捗状況や中期経営計画策定後の経営環境の変化等も踏まえ，開示時点における経営方針・経営戦略等が適切に開示されるよう留意が必要である。

② 経営方針・経営戦略等については，事業全体の経営方針・経営戦略等と併せて，それらを踏まえた各セグメントの経営方針・経営戦略等を開示することが期待される。セグメントの記載に当たっては，各セグメントにおける具体的な方策の遂行に向け，資金を含めた経営資源がどのように配分・投入されるかを明らかにすることが望ましい。

（注）セグメントごとの経営方針・経営戦略等については，
・事業全体の経営方針・経営戦略等と併せて記載する方式
・経営者による財政状態，経営成績及びキャッシュ・フローの状況の分析とともに記載する方式
のいずれの方式も考えられる。
いずれの場合においても，セグメントが事業全体にどのように位置付けられているかが分かるように，事業全体の収益構造とも関連付けて記載することが望ましい。

③ 経営環境（例えば，企業構造事業を行う市場の状況，競合他社との競争優位性，主要製品・サービスの内容，顧客基盤，販売網等）についての経営者の認識の説明においては，投資家がセグメントごとの経営方針・経営戦略等を適切に理解できるようにするため，各セグメントに固有の経営環境についての経営者の認識も併せて説明されることが望ましい。

（注）事業を行う市場の状況や競合他社との競争優位性の説明においては，これらの説明に加えて，一部企業の年次報告書などでみられるような，自社の弱みや課題，経営環境の変化を踏まえた自社にとっての機会やリスクに関する経営者の認識，これらを踏まえた経営方針・経営戦略等も含めて記載することが望ましい。

アナリストの視点②：
重要性の増すリスク管理を核とした
経営管理（ERM）の実効性

なぜリスク管理を核とした「透明性の高い経営管理手法」が重要か？

　企業を取り巻く事業環境の変化が激しく，複雑となり，事業リスクの特性が目まぐるしく変わり得る。こうした中，企業が明確な戦略策定プロセスを経て，さまざまな事業分野からなる企業グループの全体の事業ポートフォリオに関する整合的で明確な戦略を作成し，具体性のある計画を有していることの重要性は増している。アナリストは，企業が，「透明性が高い経営管理手法」に基づき，将来を見据えた諸シナリオも視野に入れた十分な検証に裏づけられた事業計画の策定，業績予想と具体的な財務・事業目標／目標の達成手段などからなる明確な戦略策定プロセスを整備しているかチェックするとよいだろう。また，企業が，こうして整備されたプロセスの実効的な運営モニタリング体制を有しているか否かを確認することも有用である。こうした体制が整備されていることが，適時適切な事業選択の前提となるだろう。

　経営陣は，事業運営に伴うリスクの複雑な相互関係，リスク対リターン，選択肢間のトレード・オフ，環境・社会の観点も含めた事業リスクと財務リスクの相互作用などを認識する包括的な方針を有することで，リスク管理を核とした経営管理体制が実効性を発揮し得るだろう。アナリストは，まずは，以下の点に注目して企業のリスク管理を核とした経営管理のあり

方を確認してみたらどうだろうか。

> - 戦略的意思決定過程においてリスクとリターンを考慮するしくみの構築
> - 重大なリスクによる影響を定期的に検証する体制
> - リスク許容範囲の上限の設定・管理
> - 企業全体にとっての重要なリスクの管理・監視に資する人材の確保
> - 中長期的な視点も含めた戦略, 戦略目標に関連した報酬体系の設定など

　中長期的な視点からも, リスクを効果的に特定した上で, リターン獲得に向けてとるリスクを選択して事業を展開し, 抑制を目指すリスクの軽減を志向する企業がある。こうした企業が, リスク・資本・利益の関係を常に意識し, リスク対比での資本の十分性や高い収益性を実現することにより資本コストを上回る資本効率を実現する経営を行い, 財務力を確実に維持しながら企業価値の持続的な拡大を目指しているとしよう。このように, 複眼的な視点から熟考した上で一貫性があり, 明確で統合的な検討を積み重ねている企業の方が, 持続的にキャッシュフローを創出する可能性が高いことにアナリストは気づくだろう。

　「コーポレートガバナンス・コードの改訂と投資家と企業の対話ガイドラインの策定について」では, 「日本企業においては, 事業ポートフォリオの見直しが必ずしも十分に行われていないとの指摘があるが, その背景として, 経営陣の資本コストに対する意識が未だ不十分であることが指摘されている。」と述べられている。

　前述した課題への対応を企業が行う際の前提条件とは何か？ ── 資本コストを上回る資本効率, リスクに見合ったリターン, さまざまな選択肢間のトレード・オフなどの諸観点を踏まえた事業選択を行う際の規律として機能する「透明性の高い経営管理手法」を有すること, さらに, その経営手法が企業グループ内で浸透させることが必須であると考える。

2 透明性の高い経営管理手法の開示例
—リスク管理を核として事業選択はいかに行われ得るのか？

(1) 事例①：東京海上ホールディングスによる「リスクベース経営」—グローバルな経営基盤を支えに最適ポートフォリオ・強力なグループシナジーの発揮へ

　透明性の高い経営管理手法の開示の例として，「リスクとソルベンシーの自己評価に関する報告書」（ORSAレポート）を策定したうえで，当局への提出を求められ，当局との対話を繰り返している保険グループの経営管理手法のエッセンスについて紹介しよう。具体的には，東京海上グループ（以下，当グループ）のリスクベース経営に係わる開示について紹介する。

　持株会社である東京海上ホールディングスは傘下にさまざまな事業子会社を置き，グローバルに事業を展開し，当グループの事業ポートフォリオ全体を管理している。当グループでは，新中期経営計画を推進していくための経営基盤として「リスクベース経営（ERM：Enterprise Risk Management）」に取り組んでいる。

　当グループは，「リスク」・「資本」・「利益」の関係を常に意識し，リスク対比での「資本の十分性」や「高い収益性」を実現することにより資本コスト（投資家が投資先企業に期待する収益率）（7％）を上回る資本効率を実現する経営を行い，財務の健全性を確実に維持しながら企業価値の持続的な拡大を目指している。当グループでは，資本コストをCAPM法（資本資産評価モデル）により算出しており，成果指標の策定や事業投資の判断に活用している。

　当グループは，「ERM」を実践するに際して「ERMサイクル」を有している。「ERMサイクル」とは，**図表4－1**で示されているような諸観点から，「リスクアペタイト」に基づき事業計画を策定，資本配分を決定したうえで，振り返り，評価を行うサイクルである。

● 図表 4 － 1　新長期経営計画のフレームワーク ●

リスクベース経営を基軸に，健全性を確保しつつ戦略的に資本配分を行い，利益成長を達成する

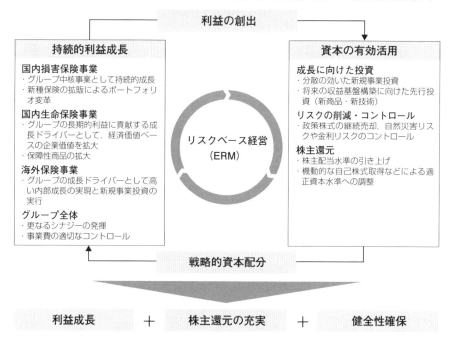

利益の創出

持続的利益成長	資本の有効活用
国内損害保険事業 ・グループ中核事業として持続的成長 ・新種保険の拡販によるポートフォリオ変革 **国内生命保険事業** ・グループの長期的利益に貢献する成長ドライバーとして，経済価値ベースの企業価値を拡大 ・保障性商品の拡大 **海外保険事業** ・グループの成長ドライバーとして高い内部成長の実現と新規事業投資の実行 **グループ全体** ・更なるシナジーの発揮 ・事業費の適切なコントロール	**成長に向けた投資** ・分散の効いた新規事業投資 ・将来の収益基盤構築に向けた先行投資（新商品・新技術） **リスクの削減・コントロール** ・政策株式の継続売却，自然災害リスクや金利リスクのコントロール **株主還元** ・株主配当水準の引き上げ ・機動的な自己株式取得などによる適正資本水準への調整

リスクベース経営
（ERM）

戦略的資本配分

利益成長　＋　株主還元の充実　＋　健全性確保

出所：東京海上ホールディングス「2018統合レポート（2018東京海上ホールディングスディスクロージャー誌）」，19頁

　ERMサイクルでは，まず，「どのような事業領域でどのようなリスクをどの程度までとってリターンを獲得するか」という経営の基本的な指針を明らかにすることを意図して「リスクアペタイト・フレームワーク」を設定している。当グループは，主に保険事業（保険引受および資産運用リスク）においてリスクテイクを行い，保険引受においてはリスク分散，資産運用においてはリスク対比で収益性の高い投資を，それぞれ留意することで資本効率の向上を図り，将来的に12%程度のROE 実現を目指している。また，健全性の観点では，格付会社により付与される信用格付AA格相当の資本を維持することを目指している（**図表4 － 2**参照）。

●図表 4 － 2　　リスクアペタイト・フレームワーク(1)●

リスクアペタイト・フレームワーク	
リスクアペタイト・ステートメント（グループレベル）	●グローバル保険グループとして，主として保険引受と資産運用においてリスクテイクを行う。 ●保険引受リスクでは，グローバルに保険事業を展開し，利益の持続的成長と共に，リスク分散による利益の安定化，資本効率の改善を目指す。 ●資産運用リスクでは，政策株式リスクの削減を進め，保険負債の特性に見合った資産運用を第一義とし，保険金支払い等の資金ニーズに備えて十分な流動性を維持しつつ，利益の安定確保を目指す。 ●AA格を維持し，ストレスシナリオ発現後においても事業継続が可能となるリスクと資本のバランスを遵守しつつ，資本コストを上回る収益性の確保を目指す。
リスク戦略	●各リスク区分毎のリスク戦略 ┐ 　　　　　　　　　　　　　　　├ 資本配分の方向性を定性的，定量的に表したもの ●事業分野別のリスク戦略 ┘

出所：「東京海上グループのリスクベース経営（ERM）」セミナー資料（2017年 9 月29日），4 頁

　たとえば，グループレベルのリスクアペタイト・フレームワークでは「グローバルに保険事業を展開し，利益の持続的成長と共に，リスク分散による利益の安定化，資本効率の改善を目指す」と示されている。実際の当グループの利益構成を見てみよう（**図表 4 － 3** 参照）。

●図表 4 － 3　　事業別利益の推移●

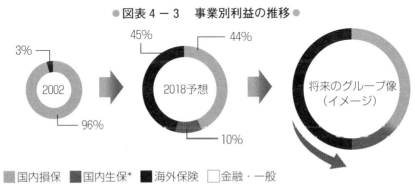

■国内損保　■国内生保*　■海外保険　□金融・一般

* 国内生保は2002はTEV，2018予想以降はMCEVベース

出所：東京海上ホールディングス「2018統合レポート（2018東京海上ホールディングスディスクロージャー誌）」，16頁

● 図表4－4　エコノミック・ソルベンシー・レシオ(ESR)をベースとした資本管理の考え方 ●

210%	●事業投資，追加的リスクテイク，株主還元を実施
150%	**Target Range** ●事業投資，追加的リスクテイク，株主還元を柔軟に検討
100%	●利益蓄積による資本水準回復を目指す ●リスク抑制的な事業運営により，リスク水準の抑制を図る
	●リスク削減の実施 ●資本増強の検討 ●株主還元方針見直しの検討

出所：東京海上ホールディングス「2018統合レポート（2018東京海上ホールディングスディスクロージャー誌)」，18頁

　なお，財務の健全性については，エコノミック・ソルベンシー・レシオ（ESR）の考え方をベースに，規律をもって運営している。リスクをAA格の信頼水準の99.95%バリューアットリスク（VaR）で計量評価し，財務会計上の連結純資産をベースにした「実質純資産」との比をとることでESRを算出している（ESR=実質純資産／リスク）。さらに，**図表4－4**で示されているように，ESR のターゲットレンジは150～210%としていることも開示している。統合レポートや投資家向け説明会資料などで，アナリストがESRの水準に加えて，健全性，収益性，資本効率などの評価に寄与する情報が適宜確認ができる開示も別途行っている。

　次に，当グループに帰属する各グループ会社はこの「リスクアペタイト・フレームワーク」に基づいて事業計画案を策定している。東京海上ホールディングスは，財務の健全性と収益性のバランスを維持しながら持続的な成長を実現できる内容となっているかというグループ全体視点に基づき検証し，事業計画や各事業分野への資本配分を決定している。**図表4－5**が示すような観点からプロセスを踏み，配分された資本に基づくグループ会社での取組み成果については，毎年振り返り，必要な改善を行っている。

　当グループは，地域・事業分散やリスク管理の高度化を進めてきた結果，

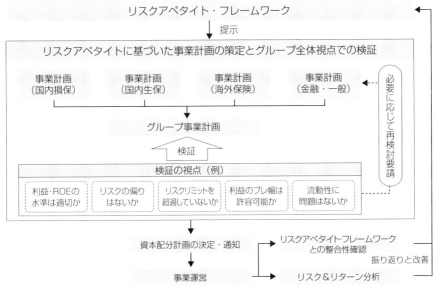

●図表４－５　リスクアペタイト・フレームワーク(2)●

出所：「東京海上グループのリスクベース経営（ERM）」セミナー資料（2017年９月29日），５頁

過去最大級の国内風水災にもかかわらず，2019年３月期における利益に対するインパクトは想定の範囲内であったと分析している。

　こうした事象を踏まえて，アナリストは，新中期経営計画の重点課題の１つとして引き続き掲げられている「事業ポートフォリオの更なる分散」の効用などの評価につなげることになる。アナリストは，経営管理手法のあり方や，その運用状況の確認し，それを踏まえて，過去の実績（計画対比の達成状況を含む）に加えてフォワードルッキングの視点も含めた当グループの経営管理の実効性を勘案する。そして，競合他社の国内風水災の業績の影響と事業ポートフォリオの差異も参考とし，当グループの自己分析に関する対話なども経て，アナリスト自らの評価につなげることも想定される。

　当グループは，財務の健全性と収益性のバランスを維持しながら持続的

な成長を実現できる内容となっているかというグループ全体視点に基づき検証し，事業計画や各事業分野への資本配分を決定している。たとえば，配分した資本に基づくグループ会社での取り組み成果の毎年の振り返りに際して，事業ポートフォリオ全体を見たときのリスクの偏り，各事業分野の収益・ROEの水準の高低などもリスク・ポートフォリオの見直しなどを検討する際に考慮する観点となり得るだろう。

　ここでは，振り返りを踏まえた実効的な改善施策が企業によってとられているか否かが著者の強い関心事項である。当グループは「配分された資本に基づくグループ会社での取り組み成果の振り返り，必要な改善」のサイクルを通じて，地理的・事業的にバランスがよく，収益の安定化と資本効率向上の実現に向けて，変化に対応し築き上げたバランスのよい事業ポートフォリオを目指してきている。その流れから，海外事業の買収が続いてきたが，足元では，海外事業の売却という事業選択も行っている。では，当グループが行った足元の売却という事業選択に関する自己分析を東京海上ホールディングスによるプレス・リリースの内容を示すことで紹介しよう。

　当グループは，2000年に再保険子会社Tokio Millennium Re AG（以下，TMR）を設立し，海外再保険事業に本格参入した。それ以来TMRは，海外自然災害リスクをはじめ幅広い再保険引受による事業を展開し，グループの収益に貢献してきた。

　一方，グローバル再保険市場を取り巻く事業環境は，料率競争の激化や再保険会社以外の資本の継続的流入によりソフトマーケットが常態化し収益性が悪化傾向にある。また，当社は2007年以降，キルン，フィラデルフィア，デルファイ，HCCといった大型買収を実施し，スペシャルティ種目を中心とした元受保険事業主体の分散の効いたポートフォリオを構築してきた。これに伴い，海外保険事業の収益における再保険の割合は，ここ10年間に50%程度から10%未満に低下した。

　こうした状況をかんがみ，より収益が高い安定した元受保険事業を更に拡

大するという観点から，今般再保険事業会社であるTMRの戦略的位置付け
を見直した結果，TMRおよびTokio Millennium Re（UK）Limited（以下，
TMR（UK））両社を売却することとした。

　当グループとしては，今般，再保険事業を専業とするTMR両社を売却す
ることにより，先進国や新興国における元受保険事業を主体に事業展開を指
向することとした。これにより現在のグローバル事業環境と当社海外保険事
業の戦略に適合したポートフォリオの戦略的見直しを図る。

（東京海上ホールディングス2018年10月31日公表）

　アナリストは，当グループの「リスクベース経営」のケースを活用して，
第2章で述べた①経営の意志「どのようなリスクをどの程度とるか」：リ
スクアペタイト，②目指す「経営の実現」に必須の規律：リスクガバナン
ス，③「経営の意志」の浸透：企業文化／価値観の共有などを企業がいか
に実現でき得るかの考察を深めることを試みてはどうだろうか。

　ちなみに，第2章ですでに触れた，FSBは，金融危機時の課題としては，
取締役会に十分なリスク情報が提供されていなかったこと，取締役会と業
務執行との間で，また組織内でリスクテイクについての認識を共有するし
くみが構築されていなかったこと，企業グループのリスク文化の醸成の失
敗などが挙げている。

　こうした課題の多くについては，企業グループの価値観を踏まえた企業
文化が浸透しており，リスク管理を核とした実効性のある「透明性の高い
経営管理手法」が共有化されていれば，克服できる可能性が高まると考え
る。また，グローバル化に伴い，リスク文化を浸透させて，グローバル企
業全体でリスクアペタイトを共有するなど，金融危機時に指摘された教訓
から得た知恵を生かした経営の重要性がより増しているともいえよう。

コラム❷ グローバル化でより重要性の高まる
実効性のある経営管理手法

　著者は，海外に出向くときに，国際組織，非日系のグローバル企業，また日系のグローバル企業の経営層の方々と面談する機会がある。日系のグローバル企業の先進国を拠点とする被買収会社の経営層と面談する機会などにグループ全体としてのリスクアペタイトがグローバルに共有化されている状況を海外拠点において直接確認できることがある。日系の企業グループとして志向するグループ全体のリスク・ポートフォリオのあり方，それを踏まえたグループ全体における当該海外被買収会社の戦略的位置づけについての理解が海外拠点（被買収会社）でも共有化されていく状況を見ると非常に心強く思う。こうした海外の被買収会社の理解を得るためには，被買収会社も含めたグループ内外の関係者が高く評価し得る「透明性の高い経営管理手法」の整備・運用が必須であろう。

　さらに，海外の被買収会社も含めた企業グループ全体のさまざまな資源を最大限に活用して，企業価値の極大化を図るためには，こうした「透明性の高い経営管理手法」の活用・運用に留まらず，企業文化，核となる「価値観」のグループ内での浸透が非常に重要であると思う（注：東京海上グループは，「グループ一体経営の強化を強化し，グローバルシナジーを最大限発揮するとともに，コア・アイデンティティの下で多様な人材を活用し，強いローカル事業を支える強固なグローバル経営基盤を構築する」と経営陣のコミットメントをIR説明会資料で明記している）。グローバル企業は，「欧米の被買収会社の役職員も含めた関係者との価値観の浸透に向けて，真の意味で多様性を受け入れて」，「相手の立場から見える景色も意識する。さまざまな変化を見据えた挑戦を視野に入れること，さらには目的を考えた行動をすることを評価してさまざまな人材を動機づけし続け，グローバル企業グループ内でのさまざまな層におけるコミュケーションを繰り返していく」ことが肝要であろう。また，「透明性の高い経営管理手法」に基づき成果の評価基軸を明確化するのみに留まらず，転職をしながらキャリアアップをしていくことが少なくない欧米人などにも十分アピールするキャリアパスを提供し続けることも日本発の真のグローバル企業のビジネスモデルの持続可能性を高めることにつながり得ると考える。

(2)　事例②：オムロンによるROIC経営
―規律ある機動的な事業選択の実現へ

　(1)で金融機関における「経営管理手法」の事例について考察したが，事業会社の中にも，自らの「経営管理手法」についての詳細を開示している事例が見受けられる。業態，各企業によっても妥当な「経営管理手法」の特性は異なり得ると考えられるが，「透明性の高い経営管理手法」の重要性はどの企業においても変わらないだろう。事業会社の経営管理手法の一例として，財務戦略の枠組みの開示および開示を踏まえた対話にも積極的なオムロンの「経営管理手法」に関する開示事例を以下で紹介する（OMRON「統合レポート2018（2018年3月期）」）。

ROIC経営

　オムロンはROICを重要な経営指標としています。全社一丸となってこの指標を持続的に向上させるため，「ROIC経営」を社内に広く浸透させています。中期経営計画VG2.0においてもROIC経営を推進し，今後も飛躍的な成長を実現していきます。

なぜROICなのか？

　事業特性が異なる複数の事業部門を持つオムロンにとって，ROICは各事業部門を公平に評価できる最適な指標です。営業利益の額や率などを指標と

●図表4−6　なぜROICなのか？●

した場合，事業特性の違いや事業規模の大小で評価に差が出ますが，投下資本に対する利益を測るROICであれば，公平に評価することができます。VG2.0で４つの注力ドメインを設定し，引き続き独自の事業ポートフォリオを展開していくオムロンにとって，ROICは欠かせません。

　具体的にROIC経営は，「ROIC逆ツリー展開」，「ポートフォリオマネジメント」の２つで構成しています（**図表４－６**）。

ROIC逆ツリー展開

　ROIC逆ツリー展開（**図表４－７**）により，ROICを各部門のKPIに分解して落とし込むことで，現場レベルでのROIC向上を可能にしています。ROICを単純に分解した「ROS」，「投下資本回転率」といった指標では，現場レベルの業務に直接関係しないことから，部門の担当者はROICを向上させるための取り組みをイメージすることができません。たとえば，ROICを自動化率や設備回転率といった製造部門のKPIにまで分解していくことで，初めて部門の担当者の目標とROIC向上の取り組みが直接つながります。現場レベルで全社一丸となりROICを向上させているのが，オムロンの強みです。

●図表４－７　ROIC逆ツリー●

KPI	改善ドライバー		
注力業界／エリア 売上 新商品／注力商品 売上 売価コントロール 変動費CD額・率 失敗コスト率	売上総利益率 付加価値率	ROS	ROIC
一人当り生産台数 自動化率（省人数）	製造固定費率		
売上高人件費率	販管費率 R&D率		
在庫月数 不動在庫月数 債権／債務月数	運転資金回転率	投下資本 回転率	
設備回転率 （1/N自動化率）	固定資産回転率		

ポートフォリオマネジメント

　全社を約90の事業ユニットに分解し，ROICと売上高成長率の２軸で経済価値を評価するポートフォリオマネジメントを行っています（**図表４−８**）。これにより新規参入，成長加速，構造改革，事業撤退などの経営判断を適切かつ迅速に行い，全社の価値向上をドライブしています。

　また，限られた資源を最適に配分するために，「経済価値評価」だけではなく，「市場価値評価」も行っています。それにより，各事業ユニットの成長ポテンシャルを見極められ，より最適な資源配分を可能にしています。

●**図表４−８　ポートフォリオマネジメント**●

ROIC経営のさらなる浸透に向けて

　ROIC経営の浸透をより加速させるため，ROICの定性的な翻訳式を活用した「ROIC経営2.0」を2015年から開始しています（**図表４−９**）。翻訳式が意味するのは，「必要な経営資源（N）」を投入し，それ以上に「わたしたちのお客様への価値（V）」を上げ，そのために「滞留している経営資源（L）」を減らすというものです。このような簡単な翻訳式により，普段は財務諸表と縁のない営業や開発部門などの担当者が，ROIC向上の取り組みを具体的にイメージすることができます。

　また，オムロンには各事業部門の経理・財務の担当者が中心となり，ROIC経営2.0の浸透を推進するアンバサダーがいます。アンバサダーが各事業部門におけるROIC経営2.0の取り組み事例を，全社に分かり易く紹介することで，現場レベルの取り組みがグローバルに広がり，深く根付くことにつな

がっています。

●図表4-9　ROIC経営2.0-ROIC翻訳式●

❶価値創造のために<u>必要な経営資源（N）</u>（モノ，カネ，時間）を果敢に投入する。
❷それ以上に，<u>お客様への価値（V）</u>を大きくする（↑は二つ！）。
❸<u>滞留している経営資源（L）</u>（ムリ，ムダ，ムラ）を減らして（N）にシフト/投入する。

　以上で言及したROIC経営の枠組みのなかで，オムロンが事業ポートフォリオ強化に資すると考える事業選択を行ってきた事例をいくつか挙げてみよう。1つ目は，2018年7月5日公表の「オムロンレーザーフロント」の売却である。オムロンは，保有するオムロンレーザーフロント株式会社（以下，OLFT）の全株式を，半導体モールディング装置のリーディングカンパニーであるTOWA株式会社に譲渡している。本件に関して，オムロンは，以下のようなリリースを公表している。

（中略）

1．背景

　OLFTは，レーザー発振器や「レーザトリマ」，「ウェハマーカ」などレーザー加工装置の製造，販売，アフターサービスを手掛けるオムロンの連結子会社です。特に「レーザトリマ」において高い市場シェアを持ち，電子部品や半導体の製造業各社を主たる顧客として事業運営を行っています。オムロンでは長期ビジョン「VG2020」の達成に向け，成長サイクルの強化と収益性の改善に取り組む中，事業ポートフォリオマネジメントの強化を進めてい

ます。その中で、OLFTの有するレーザー関連技術やレーザー加工装置事業を取り込むことで事業拡大や新規事業の創出など高いシナジー効果が期待できるTOWA株式会社に対し、当社が保有する全株式を譲渡することを決定いたしました。

　オムロンのROIC経営の枠組みの中で、事業ポートフォリオ強化を目指した事業選択の事例をもう1つ紹介しよう。オムロンは自らが保有するオムロン直方株式会社（以下、オムロン直方）の株式80％を、産業用コンピューターの分野で世界トップシェアを持つ、研華股份有限公司（アドバンテック社）（本社：台湾台北市、Chairman & CEO：Ke Cheng Liu）に譲渡する選択を行う旨、2018年10月26日にリリース文を公表している。本件について、以下でより詳細な内容を紹介してみよう。

　（中略）オムロン直方は、産業用電子機器の開発・製造受託サービスを手掛けるオムロンの100％連結子会社です。特に、高速・高密度プリント基板の開発設計と製造技術を強みに、高い信頼性と長期安定供給が求められる産業用途電子機器の開発から製造までを請け負う開発・製造受託サービス事業（=Original Design Manufacturing事業、以下ODM事業）を中核事業と位置付け、外部顧客向け事業を拡大し、お客様の付加価値向上に貢献してきました。

　オムロンは、2011年から開始した長期ビジョン「VG2020」の中で、各事業の価値最大化を目的とした事業ポートフォリオマネジメントの強化を進めており、今回の株式譲渡は、その取り組みの一環です。アドバンテック社が保有する豊富なIoT商材および高度な生産管理ノウハウと、オムロン直方が有するODM事業におけるお客様のニーズに応じたカスタマイズ力および対応力とを融合させることで、日本国内における事業拡大や新規事業の創出など高いシナジー効果が期待できます。

　オムロンのROIC経営のケースは，第2章でも述べたように，「自己規律のある経営の実現」を目指す際の規律が，金融機関に留まらず，事業会社にも普遍的な事項であるという例ともいえる。透明性の高い経営管理手法が確立されて，企業内で共有されている方が，力強いCFOのメッセージ（経営の意志）が社内に浸透しやすいといえよう。

　本書では取り上げていないものの，事業会社の中にも，「透明性の高い経営管理手法」を有しており，事業選択を繰り返して，事業および財務基盤の強化につなげてきているその他の企業が存在していることにも付言しておきたい。

　アナリストにとって，たとえば，「透明性の高い経営管理手法」に基づき，PDCAサイクルを通じて，適宜適切なアクションがとられているか否かが確認できる企業開示は非常に有用である。アナリストが，経営管理手法の実効性などを評価するに際して有用となる企業情報の開示および対話に大いに期待する。

実践編

▶▶▶▶トップインタビューについてのアナリスト達の感想─本音の例

アナリストA

経営陣が，主要なリスクを効果的に特定，監視，選択，軽減する包括的な方針を作った上で，リスク許容範囲を社内外の関係者にしっかり伝えているか確認したいよね。また，適任者が十分に配置されたリスク管理部門などがあって，取締役会が活発なリスク管理へ関与しているかなどを知りたい。リスク管理を核とする経営管理手法の意味するところが企業グループ全体に深く根づいているとキャッシュ・フローの想定外の下振れリスクへの対応がしやすいケースも考えられるよね。

アナリストB

そうだね。リスク情報を開示してリスクが発現した時に迅速かつ体系的に対応する体制があることを説明できる企業の方が安心感をもって評価できる。企業が，包括的である上に精緻な財務管理基準を設定していて，想定外のキャッシュ・フローの下振れを抑制することが期待できると思える時がある。一方で，企業によっては，リスク管理能力が十分に高いとは思えないケースもある。たとえば，リスク管理基準とリスク許容範囲に関する基準を，ほとんど設定していないケースもある。こうしたケースでは，将来的に企業にとって想定外のキャッシュ・フローの下振れの可能性を強く意識させられるときもある。

アナリストA

グループ内でリスク対リターンの考え方も踏まえた「どのようなリスクをどの程度とるのか」がグループ内外で明確に伝達されていると，資本効率の向上などを意識した事業分野の選択をするしくみが見えやすくなるけれど……。事業会社だと，リスク対リターンで優先順位をつけて企業グループ全体の事業ポートフォリオを管理するのは難しいのかなぁ。リスクの計測方法にもいろいろあり得るだろうし，事業リスクをどのように捉えるのか単純に一律なアプローチを特定することは難しい。

アナリストB

グローバル化が進む中，企業グループ全体の事業ポートフォリオを管理するしくみがあって，そのしくみが機能していることが確認できれば，企業グループをプラスに評価できる余地が大いにある。

Ⅱ．各論
（中略）
2．事業等のリスク

> 〔法令上記載が求められている事項〕
> 　事業等のリスクの開示においては，企業の財政状態，経営成績及びキャッシュ・フローの状況等に重要な影響を与える可能性があると経営者が認識している主要なリスクについて，当該リスクが顕在化する可能性の程度や時期，当該リスクが顕在化した場合に経営成績等の状況に与える影響の内容，当該リスクへの対応策を記載するなど，具体的に記載することが求められている。また，開示に当たっては，リスクの重要性や経営方針・経営戦略等との関連性の程度を考慮して，分かりやすく記載することが求められている。

（考え方）
● 事業等のリスクは，翌期以降の事業運営に影響を及ぼし得るリスクのうち，経営者の視点から重要と考えるものをその重要度に応じて説明するものである。

（望ましい開示に向けた取組み）
① 　事業等のリスクの開示においては，一般的なリスクの羅列ではなく，財政状態，経営成績及びキャッシュ・フローの状況の異常な変動，特定の取引先・製品・技術等への依存，特有の法的規制・取引慣行・経営方針，重要な訴訟事件等の発生，役員・大株主・関係会社等に関する重要事項等，投資家の判断に重要な影響を及ぼす可能性のある事項を具体的に記載することが求められる。その際，取締役会や経営会議において，そのリスクが企業の将来の経営成績等に与える影響の程度や発生の蓋然性に応じて，それぞれのリスクの重要性（マテリアリティ）をどのように判断しているかについて，投資家が理解できるような説明をすることが期待される。

② 　リスクの記載の順序については，時々の経営環境に応じ，経営方針・経営戦略等との関連性の程度等を踏まえ，取締役会や経営会議における重要度の判断を反映することが望ましい。

　（注）リスクを把握し，管理する体制・枠組みを構築している企業においては，当該体制・枠組みにおけるリスク管理の過程において，各リスクの重要度が議論されることも多いと考えられる。このような場合には，当該体制・枠組みについても記載することが望ましい。

③ また，リスクの区分については，リスク管理上用いている区分（例えば，市場リスク，品質リスク，コンプライアンスリスクなど）に応じた記載をすることも考えられる。

第5章

アナリストの視点③：
形式要件の充足を超えた
ガバナンスの実効性とは？

 ガバナンス体制はどのように変遷してきたか？

(1) 従来型「日本型ガバナンス」の特性とは？

　従来の日本の企業のガバナンスの体制については，終身雇用，企業の取引関係維持に向けた政策株式保有（企業間の株式の持合い）などを背景としたしくみが構築されていたことが特徴的である。従来のガバナンス体制においては，業務執行機能と監督機能の両方を有する取締役会に加えて，執行権を持たず，独立的な監査機関である監査役・監査役会が存在してきた。

　このような環境下では，取締役会は従業員出身の取締役で構成され，業務執行機能の色合いが濃く，政策保有株式については，取引維持目的で株式の持合いをしている企業の間では，政策目的で株式を保有している企業を相手にして，株主の立場からの企業価値の向上への要求は限定的になりがちであったことは容易に想像ができる。

　高度成長期には，終身雇用などを前提として，企業に帰属する人材が結束して，日本の企業の業績の向上を支えてきたケースが少なくなかったと想定される。競争力の源泉が大きく変質することのない経営環境下で，事業部門出身の経営陣が企業の過去の成功体験を踏まえて事業を運営するこ

とで，従来からの中核事業を成長させることが，企業価値の向上につな
がっていたこともあるだろう。

(2)　ガバナンス体制の変革が求められる背景とは？

　高度成長期などを経た昨今，なぜ，日本でガバナンス体制の変革が求め
られているのか考察してみよう。こうした考察をする際に，日本企業を取
り巻く環境の変化が大きいことに目を向ける必要がある。まず，投資家に
ついては，特に1990年代のバブル崩壊以降，従来政策的に保有されてきた
株式の売却が徐々に進み，企業価値向上を期待する海外投資家による日本
企業の株式保有割合が顕著に増加してきているのは，第1章（**図表1－1**）
で紹介したところである。欧米などでは，受託責任の理念の浸透に伴い，
投資家は，受益者の利益のため投資先企業を監視すべきであるという考え
方が潮流となってきた。こうした背景から，投資家が自らに代わる者とし
て社外取締役を取締役会に送り込み，経営を監視するという考えが色濃く
なってきた。

　また，企業によって異なるところではあるが，企業を取り巻く事業環境
の変化が大きく，事業部門出身の経営陣の過去の成功体験を根拠として従
来からのコア事業に注力しても，企業価値の向上につなげられない複数の
ケースが散見される。

　さらに，多くの日本の企業が，グローバル化を志向してきていることを
鑑みても，高度成長期の成功経験，日本特有の株主構成，雇用慣習などを
前提としてきた従来の「日本型ガバナンス」については，企業内外の変化
に適応するための創意工夫がなければ，限界があるといわざるを得ない。
アナリストとしては，従来の「日本型のガバナンス」体制が機能し続ける
との前提で，日本企業の分析にガバナンスに関する評価を織り込むことは
困難であるといえよう。

コラム❸　機関設計によってガバナンスの実効性が異なる？

　まず，経営上の意思決定，執行および監督に係るコーポレートガバナンス体制に関わる制度に焦点を当て，構成・組織運営に係る 3 つの組織形態の特徴について簡単に触れてみる。

　上場会社については，会社法・上場規程において，次の 3 つのガバナンスに関わる機関設計が存在する。

①　従来から日本に根差してきた制度である「監査役会設置会社」
②　2003 年に導入された米国型に近い「指名委員会等設置会社」
③　改正会社法（2014 年改正）により新設された「監査等委員会設置会社」

　指名委員会等設置会社では，業務執行は代表執行役，執行役が担当し，取締役は業務執行権がなく，業務の意思決定についても大幅に執行役に委譲することができることから，執行と監督の分離に向けた制度設計上の対応はなされている。監査等委員会設置会社は，2014 年会社法改正により新たに導入された機関設計であり，過半数の社外取締役を含む取締役 3 名以上で構成される監査等委員会が，取締役の職務執行の組織的監査を担い，人事や報酬について意見陳述権を有している。また，業務執行者に対する監督機能を強化する観点から，監査等委員会設置会社においても一定の場合には，重要な業務執行の決定を取締役に委任することができるとされている。

　従来から，日本で多数見受けられる監査役会設置会社では，代表取締役および（取締役会によって業務執行に携わる取締役として選任された）業務執行取締役が業務を執行している。取締役会は業務執行の意思決定と取締役監督の両方を行う点のみに注目すれば，監督機能が発揮し難いしくみともいえよう。

　監査役会設置会社においても，ガバナンス体制の強化につながる施策が存在する。強化策の例としては，社外取締役の活用を前提とした任意の委員会などのしくみを設置する，取締役会への重要事項に関連する報告・説明義務を充実させるしくみを整備する，取締役会における深度ある実質的な議論の実現に向けた戦略会議などの別の場を工夫するなどが挙げられる。各企業は，自らの実態を踏まえた自律的なガバナンスのしくみの構築を目指すことが重要である。指名委員会等設置会社において，ガバナンスの欠陥がクローズアップされた事例もあり，ガバナンス体制の機関設計のみでは，実効性が担保されるとも言い切れないだろう。アナリストは，取締役会の外形的な特徴のみに注目することなく，実質的な観点から，外部の知見も吸収し得る多様な組織体がガバナンスの実効性に寄与する余地にも目を向けるとよいだろう。

2　ガバナンスの実効性向上に向けた課題とは？

　取締役会は，独立した客観的な立場から，経営陣（執行役およびいわゆる執行役員を含む）・取締役に対する実効性の高い監督を行うことが役割であることはいうまでもない。東京証券取引所による「コーポレートガバナンス・コード」（改訂版）（2018年6月1日公表）は，「こうした役割・責務は，監査役会設置会社，指名委員会等設置会社，監査等委員会設置会社など，いずれの機関設計を採用する場合にも，等しく適切に果たされるべきである。」と述べている。

　また，取締役会は，形式的な意思決定機関の色合いが強く，監督機関としての役割は果たされにくいとの意見もあり，以下のような事例があるとの指摘もある。

- ●日本企業の取締役は内部昇格して選任される場合が少なくない。こうした背景から，取締役会での意思決定における決議が社長の判断の追認になることがある。
- ●社内人員で構成される経営会議などで実質的には事前に決定されている事項を取締役会が承認することに多くの時間が費やされる。

　近年ではグローバル化の進展とともに事業内容の多様化・複雑化が進み，企業が過去の成功体験の延長線上では捉えられない環境変化に直面する可能性が非常に高まっている。社内人材の知見のみを中心に置いた経営では，外部環境の大きな変化に対応する事業ポートフォリオ（適宜適切な見直しを含めた）の構築を可能とする，多様な視点で将来を見据えた企業運営を実施することは難しいことも想定される。将来も見据えた事業環境の変化から生まれる事業機会を視野に入れた先行投資の優先順位を低くして，従来の中核事業の成長イメージに則って資源投下を継続した結果，従来の中核事業への投資回収がままならずに経営困難に陥る企業も散見されるのが

現状である。

　これからの取締役会で議論すべき事項には，従来の中核事業の抜本的な見直しも最初から排除しない，事業構造の改革も含まれ得ると考えられる。そのために従来の中核事業を中立的に評価し得る社外取締役の積極活用を視野に入れ，知見の高い外部の眼による適切な牽制や成長に向けた後押しとなる助言を得てガバナンスを強化することも重要である。

　さらには，従来型の意思決定機能を備えた取締役会では個別の業務執行に関する議案が多いために，たとえば，「どのようなリスクをどの程度取るか」（リスクアペタイト）といった「経営の基本的な戦略」などについて深度のある議論を行いにくいケースも想定され，ガバナンスの実効性を考察する際に対処すべき課題となっている。こうしたケースでは，経営方針など大枠に関する意思決定は取締役会で行うが，個別の業務執行については，取締役会への付議事項や決裁権限を見直すことによって業務執行取締役に一定程度権限を委譲することも考察に値するだろう。

　こうした諸施策をとることなどによって，客観的な視点からの監督機能を果たしやすくするさまざまな工夫をする余地がある。また，独立社外取締役を過半数とする指名・報酬委員を諮問機関として設置し，指名・報酬機能の一部を取締役会から切り離すことも，独立した客観的な立場での監督機能の強化につながる可能性があるだろう。

　アナリストにとっては，各企業の創意工夫を理解することに加えて，取締役会で，アナリスト自身が重要であると考える事項が十分議論されたうえで，決議されているのかが関心事項となる。また，取締役会以外の場で，社外取締役も議論に参加している組織体による議論が，より深度ある取締役会の議論に大いに寄与するような内容となっているかも注目するところである。

　たとえば，取締役会での深度ある議論を可能とするためにさらなる創意工夫をして，社外取締役も参加する「戦略会議」のような決議を伴わない会議体を活用することがガバナンスの実効性向上に寄与することも想定さ

れる。以下で，こうした戦略会議の開示事例を紹介してみる（図表5－1）。

●図表5－1　コーポレートガバナンス強化に向けた取組みの事例●

取組事例

①「戦略論議」の実施

当社は，社外取締役や社外監査役の知見を活かして，会社の持続的な成長や中長期的な企業価値の向上に向けた経営戦略を構築していきたいと考えております。そのために，取締役会において，直面する経営環境や経営課題等をテーマにした論議を「戦略論議」と称し，実施しております。

　テーマは，取締役および監査役の全員のアンケートの回答や独立役員会議で話題に上ったテーマを基に選定しております。2017年度は以下のテーマ等について論議を行っており，2018年度もこうした論議を継続していく予定であります。
　・東京海上グループ次期中期経営計画
　・海外子会社経営者との意見交換
　・リスクベース経営（Enterprise Risk Management）
　・グローバルマネジメントに向けた人材育成
　・東京海上グループの事業戦略

②「独立役員会議」の実施

当社は，独立役員のみを構成員とする会合を年に1回開催しております。アジェンダ設定を含めた会議の進行全てを独立役員が行い，当社に対する客観的な意見交換を実施しています。会議で議論されたテーマ等は，必要に応じて社長にフィードバックされています。

出所：東京海上ホールディングス「2018統合レポート（2018東京海上ホールディングスディスクロージャー誌）」，68頁

 ３　リスクガバナンスの枠組みでの取締役会とは？

　第2章では，「経営の意志」がわかる「自己規律のある経営」において，企業文化を根づかせ，事業モデルの特性に応じた適切なリスクガバナンスの実現に向けて，FSBの提言も参考として，リスクガバナンスの枠組みのなかで取締役会が期待されている役割について紹介した。

　ちなみに，英国においては，2018年の英国コーポレートガバナンス・コード（以下，当コード）の大幅な見直しの際には，企業文化の強化やステークホルダーへの配慮を含めた企業価値の長期的かつ持続的な向上に向けた視点が織り込まれた。その内容は，①取締役会のリーダーシップおよび会社の目的，②取締役会における役割分担，③取締役会の構成，サク

セッションおよび評価，④監査，リスクおよび内部統制，⑤報酬からなっている。また，当コードは，指針的な位置づけとも捉え得る「取締役会の実効性に関するガイダンス（Guidance on Board Effectiveness）」（2018年公表）によっても支えられていると述べている。

　第2章の「リスクガバナンスの枠組み例」を念頭に，同じく当コードにおいて取締役会が考慮すべきと言及されている「リスク管理，内部統制およびそれらに関連した財務と事業報告」（2014年公表）（以下，当ガイダンス）に目を向けてみよう。当ガイダンスでは，「取締役会は，戦略目的を達成するために許容する主要なリスクの特性と程度の決定，組織全体に適切な文化を企業全体に根づかせることを含めた『リスク管理および内部統制のあり方』に関して最終責任を有する」としている。

　次に，前述したFRCが指摘する「リスク管理および内部統制」に関する取締役会への期待を踏まえたうえで，"Directors' Report"（以下，当レポート）によって示されている取締役会の役割および取締役会の決議事項などの事例を紹介するために，ロールス・ロイスの開示に触れてみよう。

　ロールス・ロイスの開示には，取締役会がグループの経営，業績，長期的な企業の持続可能な成功に対して最終責任を有している旨が記載されている。また，取締役会は，内部統制，リスク管理，主要なリスク，ガバナンス，企業の持続性などを監視・モニターする役割を担っている旨にも言及している。取締役会に留保されている重要事項としては，グループの長期目標，戦略，リスクアペタイトが触れられているのに加えて，内部監査，ガバナンスおよびリスク管理体制が挙げられている（**図表5－2**）。さらに，ロールス・ロイスの事例では，リスクアペタイトおよび主要なリスクのレビューを含めた「事業年度に取締役会が焦点を当てた事項」の概要も開示されている（**図表5－3**）。

　その他の事例としては，BT Group plcの年次報告書には，取締役会が監査およびリスク委員会に付託する事項として，財務および非財務開示，内部統制およびリスク管理などが記載されている。また，BTの年次報告

● 図表 5 － 2　Directors' Report－Corporate Governance（抜粋）●

取締役会

取締役会の役割

取締役会は，当社の方向性，管理，業績および長期的な持続可能な成功に関して，株主に対して最終的に責任を負う。取締役会は，グループの戦略と目標を設定し，内部統制，リスク管理，主要なリスク，ガバナンス，会社の存続可能性を監督・監視する。その際，取締役は，2006年会社法第172条に基づく義務を遵守する。

取締役会は，以下に述べるように，特定の分野に専念し，監督責任を果たすことを支援するために，特定の主要委員会を設置している。各委員長は，各委員会の会議後の委員会の活動について取締役会に報告する。

（以下省略）

取締役会に留保されている重要事項

▶ グループの長期目標，戦略，リスクアペタイト

▶ グループの組織と能力

▶ 株主とのエンゲージメント / 総会

▶ 取締役会および委員会の構成，委員会への付託事項，取締役の独立性および利益相反を含むコーポレート・ガバナンスに関する全般的な取決め

▶ 内部統制，ガバナンスおよびリスク管理体制

▶ 会社のコーポレートまたは資本構造の変更

▶ 年次報告書・会計，財務・規制に関する発表

▶ 会計方針および会計慣行の重要な変更

▶ 取締役会が設定した水準を上回る年間予算，財政支出，コミットメント

取締役会委員会

指名・ガバナンス委員会	監査委員会	報酬委員会	安全倫理委員会	科学技術委員会
取締役会および委員会の構成	財務報告	報酬方針	製品安全	テクノロジー戦略
取締役会の指名	内部統制およびリスク管理	インセンティブの設計と目標の設定	HSE	クロスセクター・テクノロジー
取締役・上級管理職のサクセッションプラン	内部監査	幹部および経営陣の報酬のレビュー	サステナビリティ	技術力・技能
コーポレート・ガバナンス	外部監査	従業員報酬のレビューと関連方針	倫理・コンプライアンス	テクノロジーの動向とリスク
主要なリスクの監視－タレントおよび能力	主要なリスクの監視－事業の継続性，市場および金融ショック，サイバーの脅威		主要なリスクの監視－コンプライアンス，戦略的変革，安全	

出所：Rolls-Royce Holdings plc "2018 ANNUAL REPORT", 64頁を参照した上で著者作成

●図表5－3　今期取締役会が焦点を当てた事項（抜粋）●

年間の取締役会の焦点

重点分野	審議した事項	結果
戦略およびリスク	グループ戦略のレビュー	2017年に取締役会で承認されたグループの新ビジョンと戦略を2018年に社内外で公表した。9月に取締役会は、経営陣と2日間にわたり会合を持ち、グループの戦略計画の実行の進捗状況および、すべての分野の事業、人材能力、リストラクチャリング・プログラムに関する議論を含む事項について、長期的な視点からの検討することに焦点を当てた。取締役会は、その次の取締役会開催時に気付き事項を示した。フィードバックや議論内容は経営陣や事業部門と共有された。
	リスクアペタイトと主要リスク（以下のリスクに関する深掘りを含む）のレビュー： －ポリティカル・リスク －競争的地位 －主要な製品プログラムの提供	取締役会は、2月にグループのリスクアペタイト・フレームワークを見直し、承認した。さらに、委員会は、51～54頁に記載された、ビジネスモデル、将来の業績、ソルベンシー、流動性を脅かすリスクを含む当社が直面する主要なリスクについて、踏み込んだ評価を行った。取締役会は、12月に監査委員会からリスク管理の有効性に関する最新情報について報告を受けた。 2018年3月、パウエル卿は、英国のEU離脱問題の影響、現在の地政学的要因、変化し続けるサイバーセキュリティの脅威を含む、ポリティカル・リスクなどの深掘りをすることを支持した。 取締役会は、9月の戦略セッションの一環として、グループの競争的地位について検討した。取締役会は、同年中の民間航空宇宙プログラムの提供に関連するリスクを検討し、民間航空宇宙部門の最高責任者から定期的にアップデートを受けた（トレント1000プログラムの運用上の問題を含む）。取締役会は、3月にドイツのフリードリッヒシャフェンを訪問した際に、パワー・システムを詳細に検討し、8月には、防衛部門の最高責任者と事業と戦略について議論した。
	商用船舶事業・発電システム 燃料噴射技術事業、L'Orangeの売却	当期、当社グループの商用船舶事業のKONGSBERG Gruppen ASAへの売却、L'Orangeのウッドワードグループへの売却を承認した。 取締役会は、進捗状況についてアップデートする報告を受けた（詳細は58頁を参照）。
	延期起訴後の規制当局との継続的な協力契約（DPA）	取締役会は、DPAの遵守状況を監督し、グループのジェネラル・カウンセルから定期的にアップデートする報告を受けた。
サクセッションおよびリーダーシップ	取締役会に係る選任事項	（省略）
	取締役会の有効性、チェアマン、チーフ・エグゼクティブ	（省略）
財務業績	財務KPIのレビュー	（省略）
	新たな会計基準の導入（IFRS9およびIFRS15）	（省略）

出所：Rolls-Royce Holdings plc "2018 ANNUAL REPORT"，64頁を参照した上で著者作成

書における「Enterprise Risk Management（統合的リスク管理）の枠組み：責任およびガバナンス」の一部として「取締役会は，リスクを適切に管理することに全体的な責任を持ち，定期的に直接または『監査およびリスク委員会』を介して，（中略）グループ全体の状況をレビューしていること」に付言している（BT Group plc "Annual Report 2019" 参照）。

　アナリストがガバナンスの実効性を評価する際に，株主・利害関係者や債権者，その他の関係者との関係，企業の方針・慣行などがいかにリスクにつながり得るかなど，会社運営にかかわる数多くのリスク要因に注目することになる。独立した立場から積極的に関与する取締役会がフルに機能する実効性のあるガバナンスは，企業の信用力を下支えする。一方で，戦略の遂行やリスクを管理する企業の能力が損なわれているなどのガバナンスの観点からの課題がある場合は，アナリストによる企業のネガティブな評価につながり得る。アナリストとしては，ガバナンスの実効性の評価を試みる際に，以下のような質問を企業に投げかけてみてはどうか？

> ●経営陣に対する取締役会の監視が機能しているなど，役員と会社との関係について役員の独立性に関する形式的な要件の充足に留まらない形で取締役会の実効性が担保されているか？
> ●取締役会は経営陣を支援する一方で，主要な事業リスク，役員報酬制度，あるいは利益相反について適切な監視することを含め，取締役会が重要度の高い問題に対する最終的な意思決定機関として主導権を握っているか？

　仮に，リスクアペタイトなどの取締役会の議題の議論の状況などについてアナリストが企業と対話した結果，知見の高い社外取締役が活発に議論に参加した上で，リスクアペタイトなどについて取締役会で深度ある議論を経て決議されていることが判明したとする。その場合，アナリストは，企業のガバナンス評価上，有用な情報を得たと認識する可能性が高いだろう。

　開示を糸口として，アナリストは，第2章「経営の意志」がわかる「自

己規律のある経営」や第3章アナリストの視点①経営戦略の事業環境との整合性，ビジネスモデルの持続可能性，第4章アナリストの視点②重要性の増すリスク管理を核とした経営管理方法（ERM）の実効性で言及した諸観点も踏まえて，ガバナンスの実効性の評価につなげてみたらどうか。

ガバナンスの観点からの経営陣の動機づけとなる役員報酬決定とは？

⑴　グローバル化が進む企業グループの役員報酬体系とは？

　コーポレートガバナンスを語る際に，経営陣の指名・報酬制度の決定機能の独立性などの観点から，役員報酬のあり方は，避けては通れない事項である。役員報酬体系を設計する際に，経営理念を踏まえた経営戦略や中長期的な企業価値向上との結びつきを明確に示すことで，経営陣を動機づけることができるだろう。ちなみにFSBも「短期思考」の背景にあった報酬体系の課題を指摘しているように，役員報酬体系のあり方は，経営陣の行動に大きな影響を与えるものである。

　また，経営陣の指名・報酬制度の決定機能のあり方について考察する際に，日本と欧米での経営人材の報酬体系の差異を理解することも重要である。海外M&Aなどによりグローバル化を急速に進める日本の企業グループには，外国人の経営人材が参画してきている。欧米などの経営人材については流動性があり，優れた人材の確保に向けて，競争力のある報酬パッケージを提供することも肝要であろう。加えて，こうしたグローバル人材が満足するキャリアパスを提供し続けることで，優れた経営人材の確保，維持を可能とすることも重要であろう。

　一方で，欧米企業の役員報酬は高すぎるのではないかとの指摘があり，欧米大手企業の中には，自らのレポートで，競合他社に関する情報などを用いて，役員報酬額が競争力のある範囲にあるが，過大ではないことを検証したうえで開示する企業も散見されるぐらいである。海外M&Aなどを

経て，外国人の経営人材を雇用している日本の企業にとっては，こうした外国人の役員報酬に係る事情も踏まえた報酬額の設定に際する工夫の余地があるだろう。

　役員報酬が，基本報酬と中・長期業績連動報酬との組み合わせで成り立っている中で，米国，英国，ドイツ，フランスなどの欧米諸国と比べて，日本のCEOの報酬総額は圧倒的に低い傾向にある。また，日本のCEOの長期業績連動などの長期インセンティブの構成比は圧倒的に低い。

　このような状況を踏まえつつ事業・組織のグローバルで一体的な経営の実現に向けて，各報酬体系は地域別・子会社のそれぞれの特性を踏まえた運用の余地を残しつつも，グローバルで共通化（たとえば，業績連動報酬制度の工夫）させるといった施策なども検討に値するかもしれない。さまざまな工夫をすることで，国籍を問わず，経営人材などにグローバルな企業グループの一員であることを意識させ得るだろう。こうした意識がグローバルに広がれば，それぞれの人材による企業グループ全体の価値向上に対するコミットメントが醸成されて，グループ全体の企業価値創造へ貢献しているという，より強い認識につながることも期待される。また，中長期企業価値について被買収会社の経営陣も含めた経営陣と株主との利害の共通化に向けて，中長期業績連動型の株式報酬制度の導入も検討に値するかもしれない。

(2)　事例：キリンホールディングスの役員報酬プログラム

　金融審議会DWGにおいても「役員報酬に係る情報」が取り上げられた経緯があるが，欧米の実情と比較すると，日本の開示は見劣りしている面があるとの指摘もある。グローバルな企業グループが役員報酬体系の改革を図る余地があることを勘案しつつ，グローバル化対応なども見据えた投資家・アナリストにとって有用な役員報酬に関する開示の取組みに期待したい。

　以下で，こうした期待に応える方向での動きの事例として，キリンホー

ルディングス（以下，キリン）の役員報酬プログラムに関する開示（有価証券報告書）を紹介する（**図表5－4**）。

　キリンの有価証券報告書を通読するなかで，いかに報酬体系がKPIとリンクしているかも読み取れる内容となっている。ちなみに，**図表5－4**は，2018年12月31日に終わった事業年度に関する有価証券報告書に記載されたものであり，次事業年度以降に，開示のさらなる工夫がなされる可能性もあることを特記したい。

●**図表5－4　キリンの役員報酬プログラム**●

3）役員報酬の方針等

ⅰ）役員報酬の基本方針
〈1〉業績及び中長期的な企業価値との連動を重視した報酬とし，株主と価値を共有するものとする。
〈2〉当社グループ役員の役割及び職責に相応しい水準とする。
〈3〉社外取締役が過半数を占める指名・報酬諮問委員会の審議を経ることで，客観性及び透明性を確保する。
ⅱ）報酬構成とその支給対象
　当社の役員報酬は，固定報酬である基本報酬，短期インセンティブ報酬としての賞与，中長期インセンティブ報酬としての株式報酬（譲渡制限付株式報酬（業績条件付））の三つにより構成されます。具体的な報酬構成は，支給対象の役員区分に応じて，それぞれ以下のとおりとしております。

役員区分	基本報酬	賞与	株式報酬	趣旨
取締役 （社外取締役を除く）	○	○	○	業務執行を担うことから，短期の業績目標達成及び中長期の企業価値向上を意識付ける報酬構成とします。
社外取締役	○	—	—	客観的立場から当社及び当社グループ全体の経営に対して監督及び助言を行う役割を担うことから，基本報酬（固定報酬）のみの構成とします。
監査役	○	—	—	客観的立場から取締役の職務の執行を監査する役割を担うことから，基本報酬（固定報酬）のみの構成とします。

ⅲ）報酬水準の設定と業績連動報酬の比率

　当社の役員報酬水準及び業績連動報酬（賞与及び株式報酬）の比率は，外部調査機関の役員報酬調査データによる報酬水準・業績連動性の客観的な比較検証を行った上で，指名・報酬諮問委員会の審議を経て決定しています。比較対象は，主に国内における当社と同規模程度の企業又は国内の同業他社とし，業績目標達成時に遜色のない水準となるように設計しています。なお，業績連動報酬の報酬総額に占める比率は，原則として，業績目標達成時に概ね50％程度となるように設計しています。

（イメージ図１）取締役（社外取締役を除く）の報酬構成

ⅳ）業績連動の仕組み

　当社の賞与及び株式報酬の業績連動の仕組みは以下のとおりです。

〈1〉賞与

　評価指標は，当社の連結業績指標（当事業年度は連結事業利益としています。）及び個人業績評価指標とします。ただし，取締役会長及び取締役社長については，評価指標を連結業績指標のみとします。支給額は，目標達成時を100％として，0％～200％の範囲で変動します。

（イメージ図２）賞与の個人別支給額の算定式

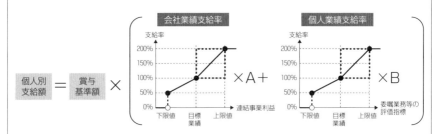

（注）1　賞与基準額は，内規にて役位ごとに定めております。
　　　2　「A」は会社業績連動部分の比率，「B」は個人業績連動部分の比率であり，各比率は内規にて役位ごとに定めております。

〈2〉株式報酬

　当社の株式報酬は，譲渡制限付株式報酬（業績条件付）としています。

　当社は，毎期譲渡制限付株式を割り当てます。当社は，中期経営計画に掲げる主要な経営指標その他の取締役会が定める指標について，譲渡制限期間の初年度における目標達成度合いに応じて，割当株式の全部又は一部について，譲渡制限期間が満了した時点で譲渡制限を解除するものといたします。ただし，取締役による株式保有を促進する観点から，付与する譲渡制限付株式の一定割合については，目標達成度合いにかかわらず，原則として譲渡制限期間が満了した時点において譲渡制限が解除されるものとします。具体的な譲渡制限解除割合は33%〜100%の間で変動するものとします。

　当事業年度においては，業績評価指標をROE及び平準化EPSの2つとし，それぞれを均等に評価します。

　なお，2019年度の株式報酬より，ROEに代わり2019年中期経営計画の財務目標に採用されたROIC（利払前税引後利益／（有利子負債の期首期末平均+資本合計の期首期末平均））を平準化EPSと共に業績評価指標とし，それぞれを均等に評価いたします。

（イメージ図3）譲渡制限付株式報酬の仕組み

（イメージ図4）譲渡制限解除割合の算定式

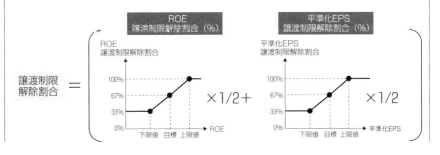

（注）2019年度より，上記賞与及び株式報酬についての業績評価指標の達成度評価にあたっては，在外子会社等の財務諸表項目の換算における各年度の為替変動による影響等を除くこととします。

　ⅴ）決定手続
　　上記の役員報酬の基本方針に沿って公正かつ合理的な制度運用が担保されるよう，当社の役員報酬（当社の取締役非兼務の執行役員の報酬を含みます。）の決定に際しては，社外取締役が過半数を占め，かつ社外取締役が委員長である指名・報酬諮問委員会において審議し，取締役会に答申しています。なお，報酬の具体的決定につきましては，指名・報酬諮問委員会の答申を踏まえ，あらかじめ株主総会で決議された報酬限度額の範囲内で，取締役報酬については取締役会で，監査役報酬については監査役の協議により，それぞれ決定することとしております。
　　指名・報酬諮問委員会は，主に上記ⅲ）の報酬水準の設定と業績連動報酬の比率，上記ⅳ）の業績連動の仕組み等について定期的に審議を行う他，役員報酬に関する法制等の環境変化に応じて開催され，取締役会へ答申します。

出所：キリンホールディングス「有価証券報告書—第180期」，56～58頁

　アナリストは，多くの企業によって役員報酬に関する開示の充実が図られた場合，その開示から何を読み解くのか？　アナリストは，たとえば「経営の基本的な戦略」を踏まえた中長期業績に連動した報酬体系の工夫などをはじめに，企業の役員報酬体系が規律ある経営を実現に向けて経営陣にいかに動機づけ得るのかを確認する質問をしてみてはどうだろうか？
　アナリストは企業と役員報酬に関する対話を行うことで，日本の企業の役員報酬体系の改革の後押しをすることになるのかもしれない。第2章で「規律ある経営の実現」を動機づける手段としての報酬体系に期待される特性について言及した。アナリストは，第2章の内容も念頭において，企業と対話してみたらどうか。

実践編

▶▶▶▶▶トップインタビューについてのアナリスト達の感想─本音の例

アナリストA

　日本の企業は，制度設計の基本的な特性に縛られないように，さまざまな工夫をして，ガバナンス体制の監視機能を高める努力を積み重ねてきたよね。たとえば，指名委員会，報酬委員会のメンバーの過半を社外役員にすること，役員の選解任の取扱いなどについても踏み込んだ体制づくりをしている企業もある。ところで，グローバル化する日本企業の取締役会の実効性は，海外投資家・アナリストの目にどのように映るのかなあ。

アナリストB

　欧米のアナリストは，取締役会の経営陣からの独立性が明らかに欠けていないか，経営陣の監視や，主要なリスク，役員報酬体系に関する精査が不十分でないか，利益相反の管理が不十分でないかなどのチェックに力が入っているようだ。

アナリストA

　欧米では，社外役員の市場は日本と比較すると人材の層が厚いような気がする。ちなみに，英国の金融機関の社外役員が規制当局を含めた関係者から期待されている金融業界に関する知見のレベルの高さにはびっくりしたことがある。

アナリストB

　確かにそうだね。欧米では，経営者としてのプロが競合他社に移籍するなど，官民も含めてほかの組織に転職するケースは少なくないから，社外役員適任者の市場は比較的厚いのかもしれない。社外役員が，質の高い監督機能を果たすための知見とは何だろうか。社外役員の貢献を想定する際に，そこに事業の深度ある理解があることを期待したい。

アナリストA

　日本企業がグローバル化する中で，取締役会が経営陣を効果的に監督し得るのか，アナリストが社外役員と対話する機会があると取締役会の実効性について，肌感覚でわかる機会となるかもしれないよね。

アナリストの視点④：
ESGの財務への影響とは？
―気候変動に焦点を当てて

 気候関連財務情報開示タスクフォース（TCFD）報告書
―気候変動が企業の戦略，財務に与える影響とは？

(1) グローバルな気候変動リスクを視野に入れたTCFD設立

　ESG（環境・社会・企業統治/ガバナンス）の中では，「G」の企業財務への影響が考察されてきた歴史は長い。一方で，「E（気候変動を含む環境問題）」の企業財務への影響の議論は，ガバナンスの影響の議論より明らかに歴史が浅く，発展過程にあるともいえよう。たとえば，格付会社による企業の信用力評価に目を向けてみよう。複数の格付会社が信用力評価を実施する際の格付基準の中で，「G」に関する評価の仕方が体系的に整理されてから久しい。

　一方で，「E」の信用力への影響の踏み込んだ分析・整理の歴史は比較的浅いものの，着実に施策が積み重ねられ始めている。格付会社の中には，後述する「ESG要素の信用力への影響」について，見解を取りまとめて公表することに加えて，企業の信用力評価レポートなどにESGに関する評価セクションを設ける方向性を打ち出すなど，ESG要素の信用力評価への織り込みを積み上げている会社も見られる。

　本章では，ESGの中でも，昨今，世界の金融市場で注目度合いが高まっている「気候変動」に焦点を当てることにする。「気候変動」を語るには，

気候関連リスクへの対処が喫緊であると認識した上でのTCFD（2016年に金融システムの安定化を図る国際的組織，金融安定理事会（FSB）によって設立された「気候変動関連財務情報開示タスクフォース（Task Force on Climate-related Financial Disclosures）」）の動向に触れることを避けては通れない。従来は「非財務」の観点からのみで捉えられていた気候変動について，TCFDが，企業の「財務」へ影響を与えることに注目した提言をしたことは特記に値するだろう。まず，アナリストの注目も高まってきている気候変動の財務への影響にはじめて体系的に焦点を当てた「TCFDの提言」について紹介しよう。

　2015年頃には，企業による気候変動の影響に関する情報開示は十分ではなかった。金融機関が気候関連のリスク・機会を取引対象である企業の戦略や財務計画と関連づけて理解できないことへの課題意識が広まりつつあった。

　金融機関の投融資や損害保険の引受けなどの判断が十分に行えず，将来，資産価値の大幅な急変が生じることにより，金融安定性が損なわれるリスクに焦点が当たり始めていた。G20財務大臣・中央銀行総裁会議は，FSBに対して，気候関連問題にどのように対処し得るかについてレビューを実施するよう求めた。これを受けて，FSBは，2015年9月に行ったレビューの中で，金融機関が企業の気候関連問題を適切に評価できるような情報が必要であることを明らかにした。その上で，FSBは，「投資家に適切な投資判断を促すための一貫性，比較可能性，信頼性，明確性をもつ，効率的な気候関連財務情報の開示を企業に促すこと」を設立目的として，民間主導によるTCFDを設置した。TCFDのメンバーは，銀行や保険会社，年金基金などの金融系企業・団体と，エネルギー，運輸，素材などの非金融系企業に属する32名から構成された。TCFDは，2017年6月には自主的な情報開示のあり方に関する提言（以下，当提言）を公表した。当提言の趣旨に賛同する機関等は2019年6月末時点では792機関に上っており，日本は世界でトップレベルの賛同機関数を誇っている。

●図表6－1　TCFDによって提言された4つの開示基礎項目●

ガバナンス	リスクと機会に対する取締役会の監督体制，リスクと機会を評価・管理する上での経営者の役割
戦略	短期・中期・長期のリスクと機会，事業・戦略・財務に及ぼす影響，2℃目標などのさまざまな気候シナリオを考慮した組織戦略のレジリエンス
リスク管理	リスクの識別・評価プロセス，組織全体のリスク管理への統合状況
指標と目標	組織が戦略・リスク管理に即して用いる指標，温室効果ガス排出量，リスクと機会の管理上の目標と実績など

出所：Task Force on Climate-related Financial Disclosures "Final Report：Recommendations of the Task Force on Climate-related Financial Disclosures"（June 2017）14頁および環境省による【参考資料】気候関連財務情報開示タスクフォース（TCFD）の概要資料6頁を参照し，著者作成

　当提言は，企業が任意で行う気候関連のリスク・機会に関する情報開示のフレームワークを示しており，**図表6－1**に示す4項目を開示することを通じて，気候変動に対応した経営を推進することを企業に求めている。ちなみに，当提言は，気候関連のリスクおよび機会が組織のビジネス・戦略・財務計画に及ぼす影響を説明する開示を推奨している。さらに，2℃以下シナリオを含む，さまざまな気候関連シナリオに基づく検討を踏まえて，組織の戦略のレジリエンスについて説明することを推奨している。その際の「2℃もしくはそれを下回るシナリオ」とは，パリで開催された第21回気候変動枠組条約締約国会議（COP21）で採択された「気候変動抑制に関する多国間の国際的な協定」（以下，パリ協定）（2015年12月12日合意，2016年11月4日発効）で定められた「2℃目標」と関連すると一般的に理解されており，同目標が各国の政策や企業戦略にも影響すると考えられている。

　TCFDの提言は，パリ協定の合意を含めたグローバルな流れの中で，金融市場とその参加者に対して発信した「企業経営および投資判断への気候変動の組み込み」の要請とも位置づけられるだろう。

　ちなみに，当提言では，気候変動のリスクと機会について**図表6－2**の

● 図表 6 - 2　気候関連リスクと機会が与える財務影響（全体像）●

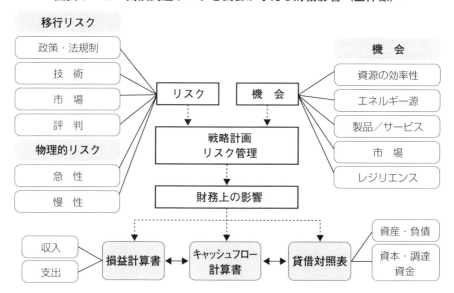

出所：Task Force on Climate-related Financial Disclosures "Final Report：Recommendations of the Task Force on Climate-related Financial Disclosures"（June 2017）8 頁に基づき作成された，環境省による【参考資料】気候関連財務情報開示タスクフォース（TCFD）の概要資料，14 頁

ような全体像を示している。次に，当提言の全体像のなかで，当提言で触れられている「気候関連リスク」，「気候関連機会」，「財務上の影響」とはどのようなものが想定し得るかを紹介してみよう。

(2)　「気候関連リスク」はどのようなものか？

　当提言が気候関連リスクにどのように言及しているか紹介しよう。当提言において，気候関連リスクは，①低炭素経済への「移行」に関するリスク，②気候変動による「物理的」変化に関するリスク，の 2 つに大別されている。その概要は**図表 6 - 3**で整理されている。

　2015年 9 月にFSB議長・英国中央銀行総裁であったマーク・カーニー氏は，スピーチの中で，企業によっては気候変動により企業価値が減少する

●図表6-3 気候関連リスク●

種類	定義	種類	主な側面・切り口の例
移行リスク	低炭素経済への「移行」に関するリスク	政策・法規制リスク	温室効果ガス排出に関する規制の強化，情報開示義務の拡大等
		技術リスク	既存製品の低炭素技術への入れ替え，新規技術への投資失敗等
		市場リスク	消費者行動の変化，市場シグナルの不透明化，原材料コストの上昇
		評判リスク	消費者選好の変化，業種への非難，ステークホルダーからの懸念の増加
物理的リスク	気候変動による「物理的」変化に関するリスク	急性リスク	サイクロン・洪水のような異常気象の深刻化・増加
		慢性リスク	降雨や気象パターンの変化，平均気温の上昇，海面上昇

出所：Task Force on Climate-related Financial Disclosures "Final Report：Recommendations of the Task Force on Climate-related Financial Disclosures"（June 2017）10頁に基づき作成された，環境省による【参考資料】気候関連財務情報開示タスクフォース（TCFD）の概要資料，26頁

リスクが非常に大きいと明言した。具体的な気候変動が金融システムの安定性を損ねる経路として，暴風雨などによる財物損壊などの物理的リスク，気候変動に関連づけられる訴訟リスク，低炭素経済への移行リスクに言及した。

2015年6月に開催されたG7エルマウ・サミット首脳宣言は，「パリでのCOP21は，世界の気候の保護にとって極めて重要である」としている。また，ニューヨークでの国連サミットは，「今後にわたる，普遍的で，地球規模で，持続可能な開発アジェンダを設定」することなどに言及している。こうした流れのなか，グローバル，また，さまざまな法域によって政策・法規制の策定が行われることが視野に入ることになり，各企業の事業の展開に影響を与え得ることは容易に想像できる。

(3) 気候関連による「経営改革の機会」と「財務への影響」とは？

次に，当提言が示す気候関連「経営改革の機会」と「財務への影響」の

●図表6－4　気候対策による経営改革の機会：エネルギー源●

側　面	主な切り口の例	財務影響の例
機会　②エネルギー源	・低炭素エネルギー源の利用 ・政策的インセンティブの利用 ・新規技術の利用 ・カーボン市場への参画 ・エネルギー安全保障・分散化へのシフト	・営業費用の削減（例：低コスト利用） ・将来の化石燃料費上昇への備え ・炭素価格低炭素技術からのROI上昇 ・低炭素生産を好む投資家増加による資本増加 ・評判の獲得，製品・サービスの需要増加

出所：Task Force on Climate-related Financial Disclosures "Final Report：Recommendations of the Task Force on Climate-related Financial Disclosures"（June 2017）11頁に基づき作成された，環境省による【参考資料】気候関連財務情報開示タスクフォース（TCFD）の概要資料，29頁

整理の事例を紹介する。たとえば，当提言は，エネルギー源などの諸観点から，気候変動緩和策・適応策への取組みがいかに事業機会となるかに加えて，気候関連による経営改革の機会が与える財務への影響の事例について整理している（**図表6－4**を参照）。

　各企業の帰属する産業の特性によって，「経営改革の機会」と「財務への影響」のあり方が異なることは想像に難くない。たとえば，多くのエネルギーを使用する産業は，代替的エネルギーや技術革新による炭素エネルギーの消費削減などの諸手段を講じることが想定される。低炭素使用に向けた生産技術で先行している企業は，競争優位に立つ可能性も視野に入ってくる。中長期的な視点からも，気候変動への対応策の巧拙がビジネスモデルの持続可能性に影響し得るのである。

⑷　気候変動に関する「シナリオ分析」はどのように役に立つか？

　当提言は，気候関連リスクと機会が与える影響を評価するため，シナリオ分析による情報開示を推奨している。当提言は，シナリオ分析に係る技術的補足書（Technical Supplement：The Use of Scenario Analysis in Disclosure of Climate-related Risks and Opportunities）も策定したうえで，シナリオ分析は，長期的で不確実性の高い課題に対し，組織が戦略的に取り組むため

の手法として有益であるとしている。さらに，当提言は，シナリオ分析には能力・労力が必要だが，組織にもメリットがあるとしている。

　シナリオ分析は，将来の不確実性を踏まえた戦略策定や社内外の対話に役立つといえよう。また，企業が将来の変化に柔軟に対応する道筋になる可能性があり，前提条件を置くなどにより，客観的な議論の後押しをすることも想定される。企業がシナリオ分析に取り組むに際し，まずは気候変動に関する定性評価に着手して，次第に定量分析を視野に入れるなどの段階的な対応をすることも，アナリストとの対話に向けたプロセスとして妥当であると考える。

　TCFDが推奨するシナリオ分析は，従来からの情報開示の観点からは，イメージを持ちにくい側面もあるだろう。気候関連リスクが顕在化するシナリオには，不確実性が伴い，その影響は時間をかけて発現する可能性が相応にある。さまざまな仮定に基づくシナリオの下で企業にどのようなリスクや機会が生じるかをイメージし，将来に備えているのであれば，企業の戦略の実現可能性が高まるなど，企業戦略のレジリエンスについての評価が視野に入り得るだろう。

　アナリストは，企業が，気候変動に係る将来のシナリオを完全に予言することを期待するのではなく，企業が組織として将来の外部環境の変化にどのように真剣に取り組み，対応していこうとしているのか，企業との対話で確認してみるとよいだろう。

　ちなみに，TCFDは，ステータスレポート（2018 Status Report, 2019 Status Report）（以下，当レポート）を公表し，そのなかで，企業によるシナリオ分析の実態をとりまとめて，その内容を公表している。当レポート（2018年公表分）は，サンプル調査の結果，以下のような評価に至っている。

- ●気候変動関連情報を何らかの形で開示している企業は全体の過半数に上る。
- ●財務への影響やシナリオ分析まで開示している企業は極めて限られている。
- ●開示はさまざまな媒体で行われている。
- ●開示の程度は産業や地域によって相違がみられる。

　さらに，当レポート（2019年公表分）では，以下のような指摘をしている。

- ●当提言に基づく情報開示は進展してきているものの，まだ投資家が求めている財務への影響の開示が限られている。
- ●財務への影響に関する情報開示の明確化の途上にある。
- ●気候変動リスクは事業活動にとって「マテリアル（重要）」と捉え，シナリオ分析もしている企業が多くある一方で，既存事業のレジリエンスに関する評価結果を開示していないケースが見受けられる。

　当レポート（2019年公表分）はまず，気候変動関連リスクと機会の把握やシナリオ分析を社内で実施している企業があることを指摘したうえで，それらの企業に対しては，社内である程度内容が固まってきたら，情報開示することが重要であるとしている。また，シナリオ分析の手法に苦慮する企業が少なくないことを踏まえて，当レポートは，TCFD提言と同時に発行した補足書の明確化や，シナリオ分析の実施ガイダンスの策定，事業の特性を勘案したシナリオの提供などを視野に入れ得ると述べている。

　当レポート（2019年公表分）は，BHP（オーストラリア発の多国籍鉱業，金属，石油会社），BlueScope Steel Limited（オーストラリア拠点の製鉄会社），Citi（米国拠点の多国籍投資銀行および金融サービス会社），Oil Search（パプアニューギニア拠点の石油，ガス探査・開発会社），OPTrust（カナダの信託会社でカナダ最大の年金基金），Rio Tinto（英国‐カナダの金属，鉱業会社），Unilever（英国‐蘭のグローバル消費財会社）をサンプル企業として選定している。選定された企業が用いた気候関連シナリオ分析の手法，シ

ナリオ分析の主要な前提，シナリオの財務への影響と影響の分析のプロセスなどが当レポートで取りまとめられている。2℃シナリオについては，国際エネルギー機関（International Energy Agency：以下，IEA）などの組織が策定しているシナリオがあり，このような国際的に認知されているシナリオを基礎として利用し，これに自社業態に照らして追加的シナリオを自ら設定するケースもあり得るだろう（**図表6－5**参照）。

　ちなみに，シナリオ分析に係る技術的補足書ではシナリオ群として，移行リスクについては，IEA WEO（World Energy Outlook）450シナリオ，ETP（Energy Transition Perspective）2DSシナリオ，Deep Decarbonization Pathways Project，IRENA REmap，Greenpeace Advanced Energy [R]evolutionなどが挙げられている。物理的リスクについては，IPCCが採

●図表6－5　活用されている気候関連シナリオ例●

タイムホライズン	気温の成果	シナリオの記述（要約）
BlueScope		
2050	2℃またはそれ以下	グローバルな協力
	3℃	Patchy Progress；地域別の気候関係制度の採択
	4℃	Runaway Climate Change：ほとんど気候変動対応策が取られない
Citi		
2030および2040	1.5, 2℃および4℃	移行リスクシナリオ
	2℃および4℃	2℃物理的リスクシナリオ
		4℃物理的リスクシナリオ
Oil Search		
2040	～1.5℃	Greenpeace Advance Energy [R]evolution Scenario；2050年までの完全脱炭素化目標の設定
	2℃	IEA 450 Scenario
	～2.7℃	IEA New Policies Scenario
Rio Tinto		
0～20年および20～50年	1.7～1.8℃	IEA Sustainable Development Scenario
	2.5℃～3.5℃	協調的取組み

出所：Task Force on Climate-related Financial Disclosures "2019 Status Report", page 69を参照にした上で著者が要約

用するRCPシナリオ：RCP8.5，RCP6.0，RCP4.5，RCP2.6が挙げられている。

　こうした事例が積み重ねられる中，アナリストを含めた市場関係者が，いかに開示された気候関連の情報を有効活用し得るかについて，企業にフィードバックしていくことが視野に入るだろう。

 ## TCFDの提言を受けた日本の動向
―TCFDの提言を受けて期待される開示とは？

(1)　経済産業省主催「TCFD研究会」によるTCFDガイダンス

　TCFDの精神を踏襲し，実効性のある開示について，各国でさまざまな議論が展開されている。気候関連の開示は，中長期的な時間軸では徐々に改善していくことが期待される。その一方で，どのように開示からスタートしたらよいかと悩む企業もあるだろう。悩める企業にとっては，TCFDの提言を踏まえた何らかの体系的な開示枠組みへの示唆は有用といえよう。

　こうした枠組みの事例として，経済産業省のイニシアティブを紹介しよう。経済産業省は2018年8月に「TCFD研究会」を立ち上げ，事業会社の経営者と国内外の投資家などとの「対話」を通じたTCFDの提言に沿った情報開示のあり方を議論して，「気候関連財務情報開示に関するガイダンス（TCFDガイダンス）」（以下，当ガイダンス）（2018年12月公表）を取りまとめている。

　当ガイダンスでは，企業や金融機関のTDFDの提言への疑問点の解消を目的に，金融機関の意見や開示事例，TCFDの策定時の議論をもとにした解説を記載している。また，気候関連のリスク・機会について業種ごとの特性に着目して，業種別ガイダンスを設けている。当ガイダンスでは「事業会社がこれらの項目を参照して開示を行うことで，投資家等と事業会社の対話が促進され，各業種の企業の気候変動問題への貢献に対する投資家等からの理解が深まることが期待される」と述べられている。

以下，当ガイダンスによって推奨されている開示項目を紹介する。

【開示推奨項目】

　各項目の括弧内は具体的解説を行う業種を示す。

① 　製造段階における温室効果ガス（以下，GHG）排出量削減に向けた取組

　(a)　製造プロセスのGHG排出量削減の取組（自動車，鉄鋼，化学，電機・電子）

　(b)　調達におけるGHG排出量削減の取組（自動車，化学）

　(c)　製造段階のGHG排出量削減に向けた先端技術開発・普及の取組（鉄鋼，化学）

　(d)　リサイクルや資源循環を通じたGHG排出量削減の取組（鉄鋼）

② 　使用段階におけるGHG排出量削減に向けた取組

　(a)　製品使用に伴って生じるGHG排出量削減の取組（自動車，電機・電子）

　(b)　バリューチェーンを通じたGHG削減貢献17の取組（自動車，鉄鋼，化学，電機・電子）

　(c)　使用段階のGHG排出量削減に向けた先端技術開発・普及の取組（自動車，化学，電機・電子）

③ 　その他の取組

　(a)　技術提供を通じたGHG削減貢献の取組（鉄鋼）

　次に，TCFDの提言を踏まえた体系的な開示枠組みについて大きな示唆が得られる環境省によるイニシアティブを紹介しよう。

(2)　環境省による「TCFDを活用した経営戦略立案のススメ ―気候関連リスク・機会を織り込むシナリオ分析実践ガイド」の策定・公表

　環境省は，TCFDを活用して気候関連リスク・機会を経営戦略に織り込むシナリオ分析に関する実践ガイド（以下，当ガイド）を作成（2019年3月19日公表）している。当ガイドは，TCFDの提言に沿って各企業にとって

の気候関連のリスクと経営改革の機会を分析し，自らの経営戦略に反映する取組みの支援に向けた「TCFDに沿った気候リスク・機会のシナリオ分析支援事業」の実践事例などを取りまとめたものである。

現時点では，TCFDの提言で行うことが求められているシナリオ分析のプロセスについて開示をしている事例は限定的であり，有用な開示の方向性が不透明ともいえる。こうした背景を踏まえて，環境省は，企業がTCFDの提言に沿ったシナリオ分析の円滑な実践に向けて，「TCFDに沿った気候リスク・機会のシナリオ分析支援事業」（以下，当支援事業）を実施し，気候変動の影響を受けやすいとされる業種を対象にシナリオ分析の支援を行うとしている。その一環として，当支援事業における実践事例などを取りまとめ，企業がTCFDの提言を活用して気候関連リスク・経営改革の機会を経営戦略に織り込むシナリオ分析を行う際の参考となるよう，当ガイドはとりまとめられた。

環境省は，TCFDの提言のフレームワークに沿って企業がシナリオ分析を行う場合の留意点を整理した上で，トライアルを実施し，総合商社セクター（1社），海運セクター（1社），航空セクター（1社），自動車セクター（1社），建設／林業セクター（1社），不動産セクター（1社）が分析実践事例として挙げられている。また，シナリオ分析の開示事例をとりまとめている。さらに，留意すべき気候関連の事業機会・リスクは，業種別に大きく異なることから，当ガイドでは，各セクターのリスク重要度に関する参考資料集をとりまとめている。この参考資料集で対象とされているのは，①エネルギーセクター，②運輸セクター（海運，空運，自動車），③建設／林業セクターである。

また，当ガイドは，当支援事業を踏まえて，TCFDの提言のフレームワークに各ステップの検討ポイント（留意点）を追記したとしている（図表6－6参照）。

こうした整理は，企業が気候変動に関する事業機会・リスクを社内で考察・共有化を試みる際に有用であると考えられる。各企業が，リスク管理

●図表6－6　TCFD提言に沿って企業がシナリオ分析を行う場合の留意点●

TCFD：シナリオ分析に係る技術的補足書のポイント	当ガイドが指摘する留意点
ガバナンス整備⇒	経営層・事業部の巻き込み
リスク重要度の評価⇒	業界・自社目線の取捨選択
シナリオ群の定義⇒	一定の前提下での将来世界の鮮明な認識
事業インパクト評価⇒	数値の精度を追求しすぎない
対応策の定義⇒	複数のシナリオへの幅広な"構え"
文書化と情報開示⇒	読み手目線での情報開示

出所：環境省「TCFDを活用した経営戦略立案のススメ～気候関係リスク・機会を織り込むシナリオ分析実践ガイド」，26頁を参照の上，著者作成

を核とした経営戦略の策定，ガバナンスなどの観点に加えて，対外的に開示・対話の道筋の考察を深めることは大いに意義がある。

　アナリストなどの利用者は，さまざまな角度からの社内の検討を経て開示される情報に期待しつつ，企業との対話を通じて，情報の有用性の向上の後押しをすることが重要となるだろう。

(3)　TCFDコンソーシアム

　前述したように，2015年12月に採択されたパリ協定を受け，金融業界を中心に，気候変動が投融資先の事業活動に与える影響を評価するグローバルな流れのなかで，日本においてもTCFD提言への対応に向けた機運が高まっている。特に長期的な投資を行う機関投資家（年金基金，保険会社など）によるESG投資が急速に拡大している。環境問題への対応に積極的な企業に，世界中から資金が集まり，次なる成長へとつながる「環境と成長の好循環」の実現を期待する声も高まってきている。

　こうしたなか，TCFD提言へ賛同する企業や金融機関などが一体となって取組みを推進し，企業の効果的な情報開示や，開示された情報を金融機関などの適切な投資判断につなげるための取組みについて議論する場として「TCFDコンソーシアム」が設立（2019年5月21日）された。当コンソー

シアムは，一橋大学大学院・伊藤邦雄特任教授をはじめとする計5名が発起人となり，経済産業省・金融庁・環境省がオブザーバーとして参加している。

こうした官民が参画する気候関連の財務情報開示に関するイニシアティブは世界初と思われる。TCFDコンソーシアムを通じて，効果的な情報開示のあり方が活発に議論されるとともに，このような取組みがグローバル市場において評価されることが期待される。

たとえば，取組みの1つとして，他の諸国の主要企業より先んじて日本企業がエネルギー消費の抑制諸施策に長年取り組んできたことにも焦点を当てて，検証，整理してみたらどうか。こうした日本企業の諸施策は，グローバルに関係者の理解が深まるような工夫をした上で，その内容を開示すれば，日本企業の気候関連のイニシアティブがさらにプラスに評価され得る余地があるかもしれない。TCFD提言への対応に向けた機運が高まるなかで，こうした諸施策を海外投資家・アナリストなどにもわかりやすく，積極的に開示していくことには意義があるのではないか。

日本の特性を捉える観点からも，日本経済団体連合会（以下，経団連）によるイニシアティブを紹介してみよう。経団連は，「グローバル・バリューチェーンを通じた削減貢献—民間企業による新たな温暖化対策の視点—」（以下，当報告書）をとりまとめている。当報告書は，「素材，部品，製品，サービスが国境をまたいで行き交う中，国境で分断し，バリューチェーンの一部だけを切り取った排出削減対策ではなく，バリューチェーン全体で，あらゆる主体が連携してCO_2を削減する」という観点から，日本企業による諸事例を紹介している。当コンソーシアムでは，こうした観点からの議論も視野に入るかもしれない。

❸ ESG情報開示の枠組みはどのようなものか？

ここまでは，TCFDの提言およびそれを受けた日本におけるイニシア

ティブを紹介し，アナリストとしてどのように「E」を評価し得るかにも
付言してきた。今度は，「E」を含めた「主要なESG情報開示枠組み」を
紹介してみよう。

　さまざまな枠組みがある中で，本節では，気候変動開示基準委員会
（Climate Disclosure Standards Board：以下，CDSB）と米国サステナビリ
ティ会計基準審議会（Sustainability Accounting Standards Board：以下，
SASB）について，どのような枠組みかを紹介する。

(1)　気候変動開示基準委員会（CDSB）

　まず，国際的な環境関連の非営利のコンソーシアムであるCDSBは，企
業の有価証券報告書などにおける気候変動情報開示の標準化を目指して世
界的なフレームワークを構築している。CDSBは，以下のように自らを紹
介している。

　「CDSBは企業や環境関連のその他機関によるコンソーシアムであり，
監査法人や企業，規制当局などと綿密なパートナーシップのもと活動して
いる。（中略）CDSBは新しい基準を作るのではなく，主要な報告書内での
開示に活用できる，世界的に統一されたフレームワークを作ることを目的
としている。この目的のために，世界中のさまざまな気候変動関連の情報
開示の強制開示，自主的なスキームに共通した基本的な特徴を活用し，こ
れらの特性やベストプラクティスを統合，補完して財務報告における情報
開示の標準化を進めていく。」

　企業，アナリストにとって，CDSBの情報を「E」に関する情報のハブ
としてチェックすることも選択肢となるだろう。

　また，2019年に入って，CDSBと以下で紹介するSASBは共同で，全世
界のあらゆる産業セクター向けに，TCFDガイドライン遵守のための効果
的なソリューションとなり得る実務ガイド「TCFD Implementation
Guide」（以下，当実務ガイド）を公表した。TCFDの提言に賛同している
企業の多くは，すでに気候変動関連の情報を部分的には開示している中で，

この共同のイニシアティブは，事業セクター内においての比較可能性の向上，重要な財務影響と関連づけたより効果的な情報開示の有用性の向上を目指している。

(2) 米国サステナビリティ会計基準審議会 (SASB)

SASBは米国のNGOであり，設立当初，追加の規制や法律を定めることなく，米国の資本市場で事業を行う企業の報告に影響を及ぼそうとしてきた。現在は，自らが策定した基準による開示項目の浸透に向けて，米証券取引委員会（Securities and Exchange Commission）とのコミュニケーションを積み重ねてきている。

SASBは，11業種・77産業ごとにESGに関するKPIを公表している。SASBによる各事業セクターのKPIを選定する最初のステップでは，「年次報告書」の開示の観点から重要な論点を特定することである。それらの論点を踏まえて推奨されるKPIが普及することで比較可能性の確保につながることが視野に入り得るだろう。

SASBの基準は業種固有の性質を有するため，SASBが重要であると推奨している論点の多くは，米国外でもあまり違和感がなく受け入れられる可能性もある。また事業セクターごとの特性を踏まえた比較可能性の向上に向けたESG情報の開示の道となるかもしれない。

このように，ESGに関する開示枠組みや開示形態は相互に影響し合う場合もあり得る。今後のESG関連の開示の有用性向上に向けて，さまざまなイニシアティブの進展が見られるなかで，アナリストは，それらの有用性などについて，意見発信をする余地があるだろう。

 4 投資判断に活用できるESG指数とは？

ESG投資の普及に伴い，ESG評価機関への注目が高まってきている。ESGを考慮した投資において，複数の投資家は自らによる分析に加えて，

ESG評価機関の情報も活用している。年金積立金管理運用独立行政法人（以下，GPIF）は日本版スチュワードシップ・コードおよび国連責任投資原則（以下，PRI）に署名している。このことは日本のGPIFから受託している金融機関の多くにとってESGにより考慮した運用に目を向ける契機となっているとも考えられる。

　ここでは，主要な指数とそれらを提供する主要なESG評価機関などを紹介しよう。主要なESG関連指数としては，MSCI社が提供するMSCI ESG Ratings，FTSE Russell社が提供するFTSE ESG Ratings, S&P Dow Jones Indices社とRobecoSAM社が共同開発した株式指標であるDow Jones Sustainability Indices（DJSI）が挙げられる。ちなみに，GPIFは，ESG総合指数の「MSCIジャパンESGセレクト・リーダーズ指数」，「FTSE Blossom Japan Index」を採用している。

　ESG投資への注目が高まっていく過程で，ESG評価機関が企業と対話することも指標の有用性の向上につながるのではないかと考えられる。ESG評価機関は独自の評価基準に基づき，企業の公開されているESG関連情報を活用してデータや報告書を作成・提供しているケースもあるだろう。このため，ESG評価機関による企業評価にばらつきが発生し，さらなる質の改善の余地があることも想定される。将来にわたって，ESG評価機関が深度ある企業のESG評価に資する情報を得た上でESG評価を行う道筋を見据えると，ESG評価のさらなる質の改善の余地があるともいえよう。

　また，投資を担当する機関投資家に加えて情報仲介者であるアナリストも，スチュワードシップ・コードの観点から有用な情報提供のあり方について，評価機関にフィードバックすることにも意義があるだろう。折しも，インデックス投資をする際にインデックスの構成銘柄である個々の投資先企業の機動的な入替はできない中で，プレゼンスを高めているパッシブ投資家の中でも，ESG関連の視点を含めた企業のビジネスモデルの持続可能性への注目を高めているところが見受けられる。

5　気候変動が信用力評価に与える影響とは？

　投資家には，ESG要素を信用格付にどのように考慮しているのか知りたいといったニーズがあり，こうしたニーズに応えようとする格付会社の動きが徐々に活発化している。国連が支持する責任投資原則（PRI）は，ESGに関する課題と金融業界の関係に焦点を当てている。2016年5月には，格付会社および投資家が，透明性をもって体系的にESG要素が信用力分析に際して考慮されることの価値を認識する旨を明言する声明が公表された。このように，PRIは，信用力評価へのESG要素の考慮の仕方に関する共通言語の醸成に向けて，格付会社と投資家との間の対話を円滑化しようとしている。

　「PRI格付声明（Statement on ESG in credit risk and ratings）」（以下，当声明）に署名している格付会社に確認されるコミットメントは，信用力の評価におけるESG要因の体系的かつ透明な検討を強化するというこの共通目標の達成に向けて，①異なる発行体についてESG要因が信用力にどのように関連しているかを評価する，②ESG要因が信用格付で考慮される方法に関する見解について透明性をもって公開する，③ESG要素に関する理解が深化するにつれて，ESG要因が信用力分析に統合される方法を確認する，…（中略）…⑥信用力におけるESGリスクを特定し理解するため，投資家との対話に参加する，などの6項目である。

　また，当声明に署名している投資家は，すべて，国連が支援する責任ある投資の6つの原則に署名しており，当原則に署名する際に確認されているコミットメントは，①ESG要因を投資分析および意思決定プロセスに組み込む，②投資先企業によるESG問題に関する適切な開示を求める，③責任投資の実施に向けた活動と進捗状況を報告することである。当声明に署名した投資家は，債券投資家／信用格付の主要な利用者として，信用格付けへのESG要因の正式な統合をサポートすることで，投資の意思決定にお

いてESGリスクが適切に対処されるようになり，信用格付の質と有用性に対する投資家の信頼の向上を期待するところである。これらの努力を支援するために，当声明に署名している投資家は，他の投資家や格付会社との対話に参加し，ESGを統合するためのさらなる努力に取り組むことが視野に入ってくる。

　当声明の署名数は，格付会社については20社，投資家については160社を超えるまでに増加している（2020年2月9日時点での公表ベース）。署名リストの中には，株式会社日本格付研究所（以下，JCR），株式会社格付投資情報センター（以下，R&I），T＆Dアセットマネジメント株式会社，日興アセットマネジメント株式会社，野村アセットマネジメント株式会社，東京海上アセットマネジメント株式会社といった日本企業が見られる。

　ちなみに，当声明に署名している米格付会社のS&P Global Ratings（以下，S&P）は，2019年1月31日付のリリースで，企業信用格付レポートにおいて「ESGセクション」を設ける方針について公表している。S&Pは，この方針に則って，第一段階として，ESG関連リスクおよび事業機会へのエクスポージャーが高い産業からESGセクションを企業信用力格付レポートに織り込むとしている。また，ESG要素が信用力に影響し得るかに注目する旨を特記し，信用力評価への影響の例として，以下のようなポイントを挙げている。

- ●事業または規制リスクの減少／増加
- ●収益性または収益性の安定性の減少／増加
- ●キャッシュ・フローまたはキャッシュ・フローの安定性の減少／増加
- ●（時間軸については財務見通しまたは，もし信用格付評価において十分に明らかで重要であればより先まで）の債務水準および財務リスクの変化

　日本においては，JCRが，当声明に署名し，信用格付におけるESG要素の考慮の必要性や，アプローチの方向性を説明するリリースを公表してい

る。さらに，当声明への署名を契機に，R&IがESG投資普及へ信用リスク分析の強化を打ち出したリリースを公表している。

TCFDの提言に沿った開示への注目が高まる中，複数の格付会社が，当提言に沿った気候関連リスク・機会の信用力への影響についての見解を示す方針を打ち出している。

また，気候変動関連リスク・事業機会に限定せず，より具体的に，将来を見据える形で，ESG要素の信用力への影響を踏まえた分析レポートの内容などが，さらに充実していく方向性も視野に入っている。また，格付会社と投資家との対話の深化に向けた動きも見受けられるところである。

アナリストは，中長期的な視点も踏まえて，企業と対話を積み重ねることで，気候変動が企業の財務にもたらす影響に関する開示情報の有用性の向上に向けて，企業の背中を押すことが大いに期待される。

また，企業間で気候関連の開示の仕方にばらつきがあることから，比較が困難であることは，国内外で指摘されている。ESG関連情報の有用性に関する検討に向けてグローバルに展開するさまざまなイニシアティブが散見される中，アナリストがどのような開示が有用と考えるのかについて意見を発信していくことにも意義があるだろう。

さらに，中長期的な観点も視野に入れて，諸シナリオを踏まえて，分析対象の企業にとっての気候変動に係る事業リスク，事業機会をどのように企業評価に織り込んでいくのかについて，アナリスト自らの目利き力が試される局面でもある。ESG関連情報の開示の検討にさらなる進展が見込まれる中，アナリストも気候変動などが企業に影響を与え得るかなどについて，気候関連のリテラシーを高めていくことが肝要だ。

第3章～第5章で紹介してきたような諸視点から，短期のみでなく，中長期的なスパンで気候変動の影響を企業評価に織り込むことを可能とする有用な企業情報の開示を著者は大いに期待している。また，アナリストは，気候変動に関する知見を深めつつ，企業と対話することで，将来を見据えた形で，持続的な企業価値創造を評価することを視野に入れ得るだろう。

　たとえば，アナリストが，中長期的な視点から，気候変動にまつわる企業を取り巻く事業環境を考え，経営戦略の事業環境との整合性を考えることが視野に入る。アナリストは，フォワードルッキングな視点から気候変動関連のリスクおよび事業機会をどのように戦略に織り込むのかについて，企業と対話したらどうか。企業の意思決定のあり方によって，企業の志向するビジネスモデルの持続可能性にも影響し得るだろう（第3章参照）。

　また，アナリストは，企業が気候関連リスクをどのように捉え，管理するかなどを確認することで，リスク管理を核とした経営管理の実効性の評価につなげてみたらどうか（第4章参照）。

　さらに，アナリストが気候関連事項について企業と対話するときに，気候関連リスクと機会に対する取締役会の監督体制，リスクと機会を評価・管理する上での経営者の役割などを踏まえて，ガバナンスの実効性の観点から考察を試みてはどうだろうか（第5章参照）。

実践編

▶▶▶▶トップインタビューについてのアナリスト達の感想—本音の例

アナリストA

　ESGの情報は，さまざまな形で，投資判断に活用されてきているよね。ESGがどのようにビジネスモデルに影響するのかイメージができないと，企業の企業価値創出力について評価する際に苦慮するときもある。たとえば，温暖化ガス排出量が多いなど環境対応を迫られる業界では，排出量削減，製品の環境貢献などを目指して，中長期的にはビジネスモデルの転換をすることが競争力の維持・向上につながることも考えられる。

アナリストB

　そうだね。気候関連のリスク・事業機会を見る際のタイムスパンは相当長いとの考え方もあり得るし，どのような影響が出るかについて不透明ともいえる。企業の立場に立って考えると，シナリオ分析をすることになるとは思うけど，アナリストが，どのような開示が有用だと思うのか，釈然としないかもしれないし……。

アナリストA

　気候関連では，産業特性そのものに対する評価と，個別の企業ベースの評価の両面からアプローチする必要がある。環境対応のコスト負担の大きさが企業ごとに異なり得ることも気になる。業種によっては，原材料調達，生産工程における排出物などに関し，環境的配慮を求められて，厳しい規制の影響を受けることが増えてきている。原料転換，設備投資，研究開発投資などコストがかかるよね。

アナリストB

　近頃，投資家がESG要素をより強く投資判断に織り込んできているから，ESGへの取組みが資金調達に与える影響も気になる。

アナリストA

　どのような開示があったらありがたいと企業側に具体的にアナリストの総意を語れる段階かと言ったら難しいよね。市場関係者からすると，国内外で有用な情報の出し方について，ガイダンスが提示されてきていることは意義があるよね。

アナリストB

　アナリストも，どのような情報が有用なのか熟考して，意見を企業にフィードバックする努力をした方がよいかもしれないね。

第7章

アナリストの視点⑤：
非財務情報の充実の
費用対効果とは？

 充実が進む企業情報の開示の有用性とは？

　ここまでの章で，経営戦略と事業環境との整合性，目指すビジネスモデルの持続可能性，リスク管理を核とした経営管理の実効性，形式要件の充足を超えたガバナンスの実効性などの諸観点から，投資判断，企業評価に資する企業情報開示，それに裏づけられた対話の重要性を指摘してきた。経営戦略の具現化を裏づける財務情報，それと整合的で関連づけられる非財務情報はアナリストにとって非常に有用であり，経営トップの主体的な関与を伴う一体的な企業情報の開示へのアナリストの関心が高い。

　第1章で，日本の開示改革において非財務情報にスポットライトが当たっている状況を紹介した。また，海外でも，国際会計基準審議会（以下，IASB）の動向に目を向けると，「経営者の説明」（Management Commentary）を広義の財務報告の一部とみなして，2010年に実務記述書を発表し，2018年には，当該実務記述書の見直しを実施している。さらに，法定開示のみでなく，任意開示にも目を向けると，資本市場関係者による非財務情報への関心は高まるばかりである。

　こうした中で，看過してはならないのは，企業情報の開示は多岐にわたり，氾濫していることである。一例として，ある日本企業による各種の情報開示の状況を紹介してみよう。

- 決算短信
- 決算概要
- フィナンシャルファクトブック
- 統合報告書・アニュアルレポート
- 有価証券報告書・四半期報告書
- 事業報告
- サステナビリティレポート
- コーポレートガバナンスに関する報告書
- 決算説明会，企業説明会などで開示するIR資料
- インターネットによる適時的な情報開示
- 非財務指標の公開など

　大量の情報が氾濫する中，アナリストによる分析の深度などについて，アナリストサイドからも以下のような意見もある（「第1回　持続的成長に向けた長期投資（ESG・無形資産投資）研究会」における松島憲之氏のプレゼンテーション資料参照）。

- 同じように価値のある公表情報に接しても，気づくアナリストと気づかないアナリストがおり格差が生じている。
- 価値のある情報を社内外に伝え切れていないケースがある。
- 大量の情報が氾濫しているが，アナリストが重要な情報を把握しきれない，分析しきれない，レポートに書き切れない。
- 四半期収益などの短期的目線になる傾向があり，長期ビジョンや収益構造の大転換などを見落とすアナリストが散見される。

　本章では，企業情報の開示が多岐にわたることについての課題意識を背景としたプロジェクトの1つであるCorporate Reporting Dialogue（以下，CRD）を紹介する。その後に，企業情報の開示が氾濫している弊害や企業情報の開示に係る費用対効果に関するさまざまな学術研究を紹介する。さ

らなる企業情報充実が図られる機運があるこの局面で，企業による情報開示の費用対効果を熟考することが肝要である。こうした学術研究は，開示の費用対効果の観点からの考察を試みる際に，大いにヒントとなると思われる。

コラム❹　統合報告書はどのように受け入れられているのか？

　企業による任意開示を語る時に国際統合報告評議会（International Integrated Reporting Council：以下，IIRC）の活動を視野に入れることは避けて通れないだろう。複数の業種，企業が統合報告書を作成・公表していることは周知の事実である一方で，IIRCとは何かとの認識は広く世に共有化されていないかもしれない。IIRCは，2011年に将来に向けた基盤を築くことを目指してディスカッションペーパーを公表して統合報告の枠組みを示した上で，2013年に「統合報告フレームワーク」（The International Integrated Reporting Framework：以下，〈IR〉フレームワーク）を公表した。日本でも複数の企業が作成している統合報告書は，一般的にIIRCの提言する〈IR〉フレームワークを意識したものである。

　IIRCの長期的なビジョンは，〈IR〉フレームワークが企業報告の規範となり，統合思考が公的セクターおよび民間セクターの主活動に組み込まれた世界が実現することにある。

　〈IR〉フレームワークのねらいは，次のとおりである。

- より効率的で生産的な資本の配分を可能とするために，財務資本の提供者が利用可能な情報の質を改善する。
- 複数の異なる報告を基礎に，組織の長期にわたる価値創造能力に強く影響するあらゆる要因を伝達する企業報告に関して，よりまとまりのある効率的なアプローチを促す。
- 広範な資本（財務，製造，知的，人的，社会・関係および自然資本）に関する説明責任およびスチュワードシップを向上させるとともに，資本間の相互関係について理解を深める。
- 短，中，長期の価値創造に焦点を当てた統合思考，意思決定および行動に資する開示を促す。

　〈IR〉フレームワークを意識した統合報告書の作成は，グローバルに展開されており，日本もその例外ではない。以下，日本の企業による統合報告書の発行状況を紹介しよう。KPMGジャパン統合報告センター・オブ・エクセレンス「日本企業の統合報告書に関する調査2018」（以下，当調査）は，「業種別の発行企業数

は，4年連続で電気機器が最多となり，昨年より6社増の40社でした。業種別の発行企業数の割合は，前年と同様に，空運業（67％），海運業（63％），保険業（60％），医薬品（59％）の順で多くなっています。」と調査結果を示している。

 ## 2 企業情報の開示の氾濫に関する課題への対応に向けた施策の例—CRDのイニシアティブ

現在企業報告の分野においては，複数の異なる報告基準やガイドラインが並存しているのが現状である。こうした中で今後どの報告フレームワークが主流となっていくのか，グローバルの動向が気になる企業報告担当者の方も多いのではないだろうか。

2014年6月17日にアムステルダムで行われた国際コーポレート・ガバナンス・ネットワーク（International Corporate Governance Network：ICGN）の年次総会にて，「企業報告ダイアログ（The Corporate Reporting Dialogue：以下，CRD）」が正式に活動を開始すると発表された。CRD参加者は以下の組織である。

- CDP（カーボン・ディスクロージャー・プロジェクト）
- CDSB（気候変動開示基準委員会）
- FASB（米国財務会計基準審議会）
- GRI（グローバル・レポーティング・イニシアティブ）
- IASB（国際会計基準審議会）
- IIRC（国際統合報告評議会）
- IPSASB（国際公会計基準審議会）
- ISO（国際標準化機構）
- SASB（米国サステナビリティ会計基準審議会）

CRD参加者の1つであるIIRCはリリース文のなかで，「これら参加者は，よりよい連携を望む市場からの要求に応え，参加組織間の積極的な連携を促進させることを通じて報告にかかる企業の負担を軽減させることを目的

としています。」として，CRDの主目的として以下を挙げている。

● 報告フレームワーク・基準・関連ルールの方向性，内容，開発に関するコミュニケーション
● 各フレームワーク，基準，関連ルールを調和させるための実践的な方法の識別
● 情報共有や共同声明，主要な規制当局への関与

　さらに，IIRCは，CRD Better Alignment Projectの背景について以下のように紹介している。

　（中略）関係する基準設定団体は，各々の目的に応じて，財務・非財務情報に関する開示を設定していますが，たとえば，同じ開示事項を異なる視点から要求しているため，報告書の作成企業や，読み手である機関投資家に混乱が発生していました。

　そのため，当該プロジェクトにおいては，CRDを構成する各基準設定団体の基準やフレームワークの開示要求事項の類似点と相違点を整理し，混乱を低減することを目的としています。

　この整理により，基準間で類似している開示要件について，その開示の目的が一致しているものと，目的が異なるものが明確に特定され，前者については，無駄な重複をなくし，より整合性のある開示となるよう，各基準設定団体が開示要件の改良を検討することが可能となります。一方で，後者については，開示要件の変更は不要なものとして，企業も機関投資家も，各基準における開示要件の目的をより明確に理解することができます。

費用対効果の観点からの開示情報の充実に向けての留意点とは？

　情報の開示の複雑化・拡大を視野に入れる時には費用対効果を十分考慮して対処するといった視点を忘れてはならない。非財務情報の充実が図られている局面だからこそ，企業情報の開示に関わる費用対効果について今一度言及してみたい。以下では，情報の過多（情報のオーバーロード）によってアナリストをはじめとした情報利用者の理解が逆に低減することなどを指摘する研究を紹介する。その他，企業にとっての開示の費用対効果の観点からも，開示の充実と企業の資本コストの関係についての研究も紹介する。

⑴　研究紹介：アナリストによる企業情報のフリーライド（ただ乗り）

　アナリストは会計情報にフリーライドしているので，情報開示要求が必要以上のものとなってしまうという理論を展開する研究を紹介しよう。情報の非対称性，企業開示，および資本市場に焦点を当てた既存の諸研究に着目して，主要な研究に関わる発見事項を取りまとめた上で，将来を視野に入れて研究，考察の余地を示した論考がある（Healy and Palepu［2001］）。本論考の対象分野には，ディスクロージャー規制も含まれている。ここでは，規制の観点も踏まえて，複数の文献が「潜在的な投資家に企業の開示情報を利用することへの対価の支払いを課すことはできないことから，会計情報は，公共財とみなし得る。従って，将来投資家となる見込みがあるが現在投資家でない者は，既存の株主が対価を支払っている企業の開示情報にフリーライドしていることになり，経済において情報が生む生産価値を低下させる可能性がある」との視点を提示している旨が言及されている。

⑵　研究紹介：企業の情報のオーバーロードによる 利用者の理解の阻害

　類似の情報も含めて大量の情報があるときに，アナリストが目的適合的な情報ではなく，目的適合性の低い情報を重視してしまうという「注意力の限界」を指摘した研究がある。人間の持つ注意力は限りある資源であり，他のことに注意を奪われていると，目の前で起こっている現象も見過ごしてしまうことがあるとの指摘している（Hirshleifer et al.［2009］）。

　また，変則的な株価の変動の説明をすることを志向する中で，アナリストが業績に関する情報に過剰反応または過少反応するケースに焦点を当てた研究もある。決算発表時期など多くのニュースが出る際には，アナリストの業績予想を上回った企業については，長期にわたってプラスの超過リターンが，一方で下回った企業には，マイナスの超過リターンが観測されるというアノマリー（現代ポートフォリオ理論や相場に関する理論の枠組みでは説明することができないもの）現象が見られると指摘している（Bernard and Thomas［1989］，Abarbanell and Bernard［1992］）。

　さらに，企業のファンダメンタル情報を正しく評価できない投資家が対象銘柄を過小評価してしまうという指摘をする論考もある。投資家が値下がりする株式をなかなか売却せず，値上がり株を早く手放す傾向にあることを指摘した上で，プロスペクト理論とメンタルアカウンティングにも言及しながら，考察を深めている（Grinblatt and Han［2005］）。

⑶　研究紹介：情報の複雑さが引き起こす問題

　さらに，アナリストがすべての情報を予測の中に織り込めていない点を前提としながら，それをアナリストの属性ではなく，情報の複雑さが引き起こす問題として捉えた研究を紹介する（Plumlee［2003］）。

　ここでは，情報の複雑さは，市場参加者が，効率的に企業の開示情報を活用するかに影響を与えることを示唆する研究があると指摘している。こ

うした研究は，理論および実験に基づく判断／意思決定に関して，職務の複雑性は，判断の質に影響すると結論づけている。アナリストが情報の複雑性に対応する際の能力やアナリストにとっての複雑な情報を吸収するコストが便益を上回るとの視点も提示している。

　情報の複雑性の影響に関する研究による指摘を要約すると，以下のとおりである。

---

①　判断／意思決定を伴う調査の担当者が，複雑情報を前にすると，仕事を完了するためにより単純な手段を選択しがちである。
②　アナリストの関与する調査では，アナリストが企業業績予想値を形成する際に活用可能な情報の一部しか活用しない可能性がある。

⑷　研究紹介：企業情報を開示することにより企業が享受する便益

　従来，企業情報の開示は，もっぱら投資家保護の視点で論議され，企業が果たすべき義務として論じられてきた。一方で，企業情報の開示の費用と便益について，すなわち企業が負担する情報作成コストと，投資家・アナリストの意思決定に対する情報の有用性についても大きな論点がある。この点，投資家の便益のため，どの程度企業に情報の作成負担を求めるかの視点からの研究が多く存在する。

　企業情報の開示を経済行為として把握し，企業情報の開示が企業価値に及ぼす影響についても考察に値するだろう。企業情報の開示に関する評価が高い企業ほどアナリストの業績予想の誤差が少ないことを検証を試みた研究もある（Lang et al.［1996］）。

　さらに，企業情報の開示がもたらし得る機会を実現すれば，資本コストの低減につながるという視点からの研究が見られる。たとえば，年次報告書の開示評価が高い企業ほど資本コストが小さいとの結果を得た研究もあ

る（Botosan and Plumlee［2000］）。企業情報の開示に関する費用対効果は，投資家・アナリストが享受する便益のみでなく，資本コストなどの観点から，企業が享受し得る便益にも目を向ける研究は興味深いところである。

アナリストは，自らの目利き力を磨き続けながら，前述したような研究の趣旨も十分踏まえて，より深度の高い企業評価につなげられる企業情報の開示のあり方をどう考えるか，具体性を持って意見発信してみたらどうだろうか。

アナリストは，費用と効果のバランスも視野に入れて，中長期的な企業価値創造を評価するのに有用な情報とは何か，それをいかに活用し得るかについて業務を通じて示すことも含めて発信することで，費用対効果を踏まえた上でより深度ある企業評価に資する企業情報の開示を後押ししていくことが期待されている。

AIの登場などにより，企業活動，また企業情報を含む情報解析のあり方などに影響し得るさまざまな変化が想定される。技術革新などの影響を踏まえて，企業およびアナリスト双方は，将来にわたる事業環境の不確実性から目をそむけるべきではないだろう。また，どのような変化があったとしても，費用対効果の視点を見失うべきではない。

将来に向けて企業が直面し得る課題やそれに対する有効な対応策などの定性的な評価などに関しても，AIのディープラーニングに活用できる情報もあるかもしれない。その一方で，「将来を見据えたアナリストだからこその目利き力，想像力」の発揮に向けた有用な情報の特性について考察する重要性が将来にわたり増すことが考えられる。アカデミズムとの連携からも，企業開示の費用対効果に関する論点を視野に入れ得ることを特記したい。

監査報告書に求められる
情報価値とは？

 ## グローバルに注目が高まる
「監査上の主要な検討事項」とは？

　2018年7月，企業会計審議会は，「監査上の主要な検討事項」（Key Audit Matters：以下，KAM）の導入を含む監査報告書のあり方を見直す監査基準の改訂を公表した。KAMは英国発であり，海外で導入が広がっており，日本もこれに対応したものである。

　昨今，不適切会計の事例が散見される中で，資本市場の信頼の確保に向けた諸施策をとることが肝要である。アナリストは，先を見据えた深度ある企業分析に資する情報開示を望むところであり，KAMの記載によって監査報告書の情報価値の向上が図られることは大いに意義があると考える。
　企業経営，会計実務を取り巻く環境が変化する中，監査報告書に係る諸課題があることは否めない。企業経営の観点からは，グローバル化，技術革新の進展などによって事業環境が大きく変容してきている中で，企業には，リスクに見合ったリターンの獲得によって持続的な企業価値の創造が可能となるように，将来も見据えて事業ポートフォリオを適宜見直すことが重要な課題である。アナリストとしては，「第3章　アナリストの視点①：経営戦略の事業環境との整合性，ビジネスモデルの持続可能性」で述べたように，困難な事業環境に直面した企業の分析にも挑戦しなければな

らない。

　こうした環境下で監査品質の向上に向けて，監査人も邁進し続けることが求められる。会計実務の観点からは，国際化，経済取引の複雑化・専門化の進展なども背景に，会計上の見積りに係る不確実性が高まっている。監査人は，会計監査に際して多くの会計上の見積りや複雑な判断が伴う中，情報価値・監査品質の向上に向けて，会計監査に関するリスクなどについて情報発信することを避けて通れない。

　以下では，「KAM」の導入に伴う改訂監査基準の概要などを紹介する。まず，日本の動向に触れる前に，KAMの導入で先行している英国および米国における動向を紹介する。

(1)　英国の動向―先行事例

　英国において監査報告制度の見直しがなされたのは，企業の存続可能性について特段の言及がないまま，無限定適正意見が表明された直後に突如経営破綻する事例が頻発したことが背景にある。たとえば，複雑な金融商品の登場も関係していた2007年のサブプライムローン問題，2008年の金融危機時の急激な資産価値の下落などの混乱，これらに端を発した金融機関の破綻等，アナリストを含めた多くの市場関係者が，財務諸表の質について強い疑念をもって受け止めるような事例が発覚することが立て続けにあった。

　監査報告書は，監査の最終受益者である監査報告書の利用者に対して財務諸表が信頼できるか否かについて独立の立場から意見を述べる唯一の手段である。現在の監査意見の表明方式は有益と認められる。その一方で，前述したような背景から，どの会社の監査報告書を見てもほとんど同じ文面が並んでおり，より情報価値の高い監査報告書を要望する市場関係者が少なくなかった。

　英国では2007年頃から，こうした市場関係者の要請に対応した監査報告書のあり方についての見直しの検討が始まり，ロンドン証券取引所のプレ

ミアム市場に上場する会社の2012年10月より開始される事業年度の監査から
KAMの適用が開始された。同じ適正意見が付されている場合も監査の
質が同じと限らず，監査の過程で監査人が重要とみなす情報は，アナリス
トを含めた市場関係者が監査，監査対象の財務諸表を理解するうえで有益
なケースが多いだろう。

　英国では，先ほど述べたように金融危機時などに蔓延していた不信感に
対応するためになされた上場企業のコーポレートガバナンス改革の一環と
して，KAMの導入を伴う監査報告書のあり方に関する見直しが行われた
ことが特徴的である。経営者による非財務情報を含めた開示の充実，監査
委員会による経営者や監査人に対するモニタリングの状況に関する報告の
導入なども並行して行われたが，そこには，変革へのモメンタムがあった
ことが想定される。

(2)　米国の動向

　米国においても，上場会社の監査基準の設定主体であるPCAOB（Public
Company Accounting Oversight Board：公開会社会計監視委員会）から，2017
年6月にKAMと同様のCritical Audit Matter（以下，CAM）の記載を求
める監査基準が公表された。監査報告書へのCAMの記載はPCAOBの監査
基準が適用される会社のうち，大規模早期提出会社に対しては2019年6月
期の監査から，それ以外の公開会社については2020年12月期より段階的に
適用されることになっている。

　監査の透明性および監査報告書の情報価値の向上に向けたグローバルな
動きが展開してきている。こうした流れを図示したのが，**図表8－1**であ
る。

●図表 8 − 1　諸外国における新しい監査報告書の導入状況●

英国
2012年10月1日以降開
始事業年度から適用
（12月末決算：2013/12
期）

IAASB
2016年12月15日以降終
了事業年度から適用*
オーストラリア，香
港，ニュージーラン
ド，中国，シンガポー
ル，南アフリカ，北欧
3か国，ブラジル等

カナダ
2018年12月15日以降終
了事業年度。但し，監
査上の主要な事項に関
するコミュニケーショ
ンは現時点では要求さ
れていない（任意記載
は可能）

インド
2018年4月1日以降開
始事業年度から適用
（12月末決算：2019/12
期）

2000年代後半
金融危機

2013　2014　2016　2017　2018　2019　2020

オランダ
2014年12月15日以降終
了事業年度から適用

欧州連合(EU)
2016年6月17日関連規
則適用開始
（12月末決算：2017/12
期）

米国PCAOB
◆監査上の重要な事項：
・大規模早期提出会社：2019年
　6月30日以降終了事業年度か
　ら適用
　（12月末決算：2019/12期）
・それ以外：2020年12月15日以
　降終了事業年度から適用
◆監査上の重要な事項以外：
・2017年12月15日以降終了事業
　年度から適用

＊早期適用実例あり：
　オーストラリア，スイス，シンガポール，ドイツ，
　香港，ポーランド，南アフリカ等

出所：企業会計審議会，金融庁事務局資料3-2（日本公認会計士協会公表資料を加工），2019年3月28日

❷　日本における監査報告書の情報価値向上への道

⑴　「会計監査の在り方に関する懇談会」の提言

　2015年のある大手事業会社の不適切会計を受けて，金融庁は「会計監査
の在り方に関する懇談会」（以下，当懇談会）を設置し，監査の信頼性を確
保するための対応に向けた提言（以下，当提言）（2016年3月8日公表）が
とりまとめられた。当提言は，費用対効果も考慮して，「監査における不
正リスク対応基準」（2013年制定）をさらに強化するのではなく，問題の
本質に焦点を当てた取組みをとりあげた（**図表 8 − 2**）。

　当提言は，「KAM」の導入によって，監査人に高品質な監査を提供する

●図表 8 － 2　　会計監査の信頼性確保に向けて「会計監査の在り方に関する懇談会」提言●

【目 的】	【施 策】	【施策の説明】
監査法人のマネジメントの強化	監査法人のガバナンス・コード	監査法人の組織的な運営のためのプリンシプルの確立（職業的懐疑心の発揮を確保するためのリーダーシップの発揮，運営・監督態勢，人材啓発，人事配置・評価等）
		ガバナンス・コードの遵守状況についての開示
	大手上場会社等の監査を担える監査法人を増やす環境整備	ガバナンス・コードの適用による，大手・準大手監査法人の監査品質の向上
		当局と大手・準大手監査法人との定期的な対話（協議会の設置）
会計監査に関する情報の株主等への提供の充実	企業による会計監査に関する開示の充実	有価証券報告書等における，会計監査に関する開示内容の充実
	会計監査の内容等に関する情報提供の充実	監査法人による情報提供の充実（監査法人のガバナンス体制や運営状況に係る情報提供等）
		監査報告書の透明化（監査に際し着眼した重要な虚偽記載リスクの説明）
		監査品質を測定する指標（AQI）の策定
		監査人の交替理由等に関する開示の充実
		審査会のモニタリング活動に係る情報提供の充実（「モニタリングレポート」の作成・公表等）
企業不正を見抜く力の向上	会計士個人の力量の向上と組織としての職業的懐疑心の発揮	不正対応に係る教育研修の充実，関連する資格取得や企業への出向等の慫慂，監査チーム内のやり取りを通じたOJTの充実
	不正リスクに着眼した監査の実施	監査基準，不正リスク対応基準，品質管理基準等の実施の徹底
「第三者の眼」による会計監査の品質のチェック	監査法人の独立性の確保	監査法人のローテーション制度についての調査の実施
	当局の検査・監督態勢の強化	審査会の検査の適時性・実効性の向上
		審査会の検査と協会の品質管理レビューとの適切な役割分担の検討
		監査法人に対する監督の枠組みの検証
	協会の自主規制機能の強化	品質管理レビュー等の見直し
		自主規制機能の強化
		教育研修の在り方の見直し
高品質な会計監査を実施するための環境の整備	企業の会計監査に関するガバナンスの強化	（コーポレートガバナンス・コードに基づく）各企業における監査人の選定・評価のための基準の策定
		各企業における適正な監査の確保への取組み（監査役会・監査委員会等の独立性・実効性確保と会計監査人との連携の強化，適切な監査時間の確保，監査報酬の決定の在り方等）
	実効的な内部統制の確保	内部統制報告制度の運用と実効性の検証
	監査におけるITの活用	協会において検討を継続
	その他	試験制度・実務補習等の在り方の検討

出所：会計監査の在り方に関する懇談会「『会計監査の在り方に関する懇談会』提言―会計監査の信頼性確保のために―」（2016年3月8日），施策の全体像（金融庁説明資料）

インセンティブを与えることに言及している。また，当提言は，企業，監査人，監査役等，財務諸表利用者など市場関係者がそれぞれの役割を果たしつつ，高品質で透明性の高い監査を提供する監査人が市場において適切に評価されるような環境の育成を期待する旨も示した。

　当提言のポイントの1つとして，会計監査に関する情報の株主などへの提供を充実させることが挙げられた。より具体的には，監査人側からの情報提供として，監査報告書の透明化（監査報告書において監査人が着目した財務諸表の虚偽表示リスクを記載すること）に言及した。

　当提言を受けて，2016年9月から，金融庁のイニシアティブで日本経済団体連合会，日本監査役協会，日本証券アナリスト協会および日本公認会計士協会から構成されるメンバーによって，監査報告書の透明化の意義や効果，課題について検討が行われた。それを踏まえて，「監査報告書の透明化について」（2017年6月28日）が公表された。

　このような過程を経て，2017年10月から企業会計審議会の監査部会が開催され，KAMの導入の意義，実務上の課題，適用対象および時期などについて議論された。この審議を踏まえて，公開草案（2018年5月8日公表）の公開，意見募集といったデュー・プロセスを経て，改訂監査基準（2018年7月5日公表）が最終化された。

　以下で，日本の改訂監査基準の概要などを紹介しよう。

(2)　監査基準の改訂で盛り込まれたKAMの導入

　KAMは，当期の財務諸表の監査において監査人が特に重要と判断した事項を意味しており，監査役等（監査役，監査役会，監査等委員会または監査委員会）に伝達した事項の中から選択される。監査において，監査上の重要事項は現在も監査役等にコミュニケーションを行うことが求められているが，この中から，以下の点などを考慮して特に監査人が注意を払った事項を決定し，さらに特に重要であると判断した事項を決定することになる。

> ● 特別な検討を必要とするリスクが識別された事項，または重要な虚偽表示のリスクが高いと評価された事項
> ● 見積りの不確実性が高いと識別された事項を含め，経営者の重要な判断を伴う事項に対する監査人の判断の程度
> ● 当年度において発生した重要な事象または取引が監査に与える影響

　KAMの記載に必要な諸要素については，現時点で会社が外部に対して非開示の事項もあり得るが，現行の監査プロセスで監査人から監査役等へのコミュニケーションがすでに行われている事項ともいえよう。しかし，KAMの導入が企業情報開示にも一定の影響があり得ることを踏まえると，記載にあたっては，従来通りの関係者の関与に加えて，経営トップの関与の重要性が増すと考えられる。

　KAMの導入の適用対象と適用時期について，金融商品取引法の監査が義務づけられる企業（非上場企業のうち資本金5億円未満又は売上高10億円未満かつ負債総額200億円未満の企業は除く）には，2021年3月期の監査より適用されることとなり，それよりも早期に適用することも可能であるとされた。

　アナリストにとっては，監査人が重点を置いた項目やそれへの対応状況を知ることにより，企業の財務諸表におけるリスク領域をより深く理解することにつながり得るだろう。KAMは，企業のビジネスの複雑性，グループ構造，経済や業界の動向などにより異なり，また，同じ企業でも時系列でみると変動し得る。このため，アナリストは，KAMの数が会社間および時系列で異なり得ること，こうした外形的な差異に焦点を当て，監査の質を推し量ることは困難であるとの認識を持つべきであろう。アナリストは，「ボイラープレート（紋切型）」ではなく，企業固有の重要事項に触れたKAMを評価する旨について，対話を通じて企業にフィードバックしたらどうだろうか。

(3) どのようなKAMが想定され得るのか？—海外事例を踏まえて

　KAM適用を今後に控えた日本でどのようなKAMが想定され得るのか。KAM開示の先例がある英国の事情および国際監査・保証基準審議会（International Auditing and Assurance Standards Board；以下IAASB）によるKAMの文例などを参考にしてみよう。

　英国の監査基準設定主体を有するFRCがとりまとめたKAMのリスク領域の分布（**図表8－3**参照）を確認してみよう。このFRCによるレビューによると，広範にわたる経営者の判断に影響され得る見積り要素を伴うのれんの減損，資産の減損，年金債務，繰延税金資産などがKAMの対象となるリスク領域として選ばれている事例が少なくないようである。大型

● 図表8－3　英国企業の監査報告書に記載されたKAMの内容 ●

—FRC「監査報告書の長文化（KAMの記載の実施）の事後レビューのレポート」より

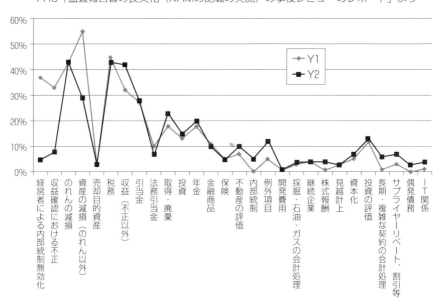

出所：企業会計審議会「第38回監査部会における金融庁説明資料」18頁

● 図表 8 − 4　監査上の主要な事項（KAM）の文例 ●

● のれん

　グループは，国際財務報告基準に準拠して，のれんの金額に関して年次で減損テストを実施することが要求されている。20X1年12月31日時点での残高XXは財務諸表において重要であり，したがって，監査上，減損テストの検討は重要であった。また，経営者の評価プロセスは複雑であり判断の度合が高く，様々な仮定が使用されている。特に，[特定の仮定を記載する] は，[国又は地理的領域の名称] における，将来の市況や経済状況に関する予測による影響を受ける。

● 確定退職給付資産及び債務の評価

　グループは，20X1年12月31日現在において，年金資産の積立超過額として [金額] を計上している。退職給付資産及び債務の評価の基礎となる種々の仮定に関する判断は，積立超過額又は不足額を変動させ，グループの配当可能利益の金額に影響するため重要であり，また，当該判断は主観的なものである。経営者は，積立超過額の算定のため，数理計算の専門家からの助言を得ているが，見積りは，長期的なトレンド及び市況に対するグループの予想に基づき行われているため，不確実性が存在している。計算において使用された仮定の僅かな変化が評価額に大きく影響するため，グループが貸借対照表において認識した金額と，実際の超過額又は不足額は，大きく異なる可能性がある。

● 収益認識

　[製品の名称] について，販売及びアフターサービスを行った年度に認識する売上及び利益の金額は，個々の長期的なアフターサービス契約が，[製品の名称] の販売契約と関連しているか又は独立しているかの評価によって決定される。契約上の取決めが複雑であるため，会計処理の選択には，その都度重要な判断が伴う。グループが，[製品の名称] の販売と長期サービス契約を，会計上，1つの取決めとして不適切に処理する可能性や，通常，長期サービス契約の利益率は [製品の名称] の販売契約の利益率よりも高いため，そのような処理は売上及び利益の早期計上につながることを考慮し，我々は，監査上，収益認識に重要性があると判断した。

● のれん

　私たちは，グループが使用した仮定及び手法（特に，[事業の内容] の売上の成長及び利益率の予想）の評価に際して，評価の専門家を利用した。私たちは，減損テストの結果の感応度が最も高く，よってのれんの回収可能価額の決定に最も重要な影響を与える仮定に関する，グループの開示の適切性にも特に注意を払った。

● 収益認識

　収益認識を，特別な検討を必要とするリスクであると評価し，収益認識に関する重要な虚偽表示リスクに対応するため，以下を含めた監査手続を行った。
　○内部のIT専門家を利用した，内部統制の運用評価手続の実施。特に，個々の広告キャンペーンの契約条件及び価格決定に関するインプット，当該契約条件及び価格データと広告会社との関連する包括的な契約との比較，及び広告対象者のデータとの関連性に関する内部統制に対して実施している。
　○監査人が有する業種に関する知識及び外部の市場データから算定される推定値に基づく，収益及びその認識のタイミングの詳細な分析（推定値との差異の追加的な調査を含む）

● リストラクチャリング引当金及び組織変更

　私たちは，費用及び引当金の妥当性及び認識の時期の適切性について，IAS第37号「引当金，偶発負債及び偶発資産」に基づき評価した。グループが費用及び引当金を認識するための規準は詳細で，また，現地でのコミュニケーションや固有の労働環境の影響を受け，労働組合との合意，個人への通知，又は和解に基づく場合がある。構成単位の監査チームは，当該構成単位に関するリストラクチャリング引当金の認識及び測定に関して，詳細な監査手続を実施した。グループ監査チームは，リストラクチャリング引当金の網羅性及び正確性を，特別な検討を必要とするリスクであると判断し，構成単位の監査チームが実施した手続を査閲し，また，認識の規準について構成単位の監査チームとの討議を行った。本社におけるリストラクチャリング引当金は，グループ監査チームにより監査されている。私たちは，財務諸表において認識されたリストラクチャリング引当金の決定に際し経営者が使用した基準及び仮定は，適切であると判断した。

出所：日本公認会計士協会により和訳された，IAASB「監査報告−監査上の主要な事項の文例（2015年4月22日）

M&Aが散見され，企業を取り巻く事業環境の変化が激しい中，想定外の
のれんの減損が起こることなどの財務諸表の予期せぬ変動を回避につなが
り得る形で，KAMを活用できればよいとの思いのアナリストは少なくな
いだろう。

　まず，KAMの全体的なイメージを得るためにKAMの文例を見てみよ
う。国際監査基準（ISA）を策定しているIAASBは，**図表8－4**のような
KAMの文例を示している。ちなみに，IAASBは，国際会計士連盟（IFAC）
に設置されている監査やレビューなどの基準設定機関であり，世界各国か
ら選任された18名のメンバー（9名の実務家と9名の非実務家）から構成さ
れ，オブザーバーとして，欧州委員会，日本の金融庁等が参加している。
会計基準の世界的調和が急速に進んでいるが，監査基準についても世界で
調和を図ろうと活動が強化されている。

　次に，企業固有の事項を捉えたKAMの事例として，バーバリー（以下，
当グループ）のKAMを紹介する（**図表8－5**）。4つある当グループに関
するKAMのうち，2つ目に挙げられているのが「有形固定資産の減損お
よび不利な店舗リースに係る引当金」である。このKAMの事例では，
「KAMの内容」として，当グループが展開している店舗の固定資産の減損
の金額を決定するために用いられる使用価値は，店舗ごとに異なる売上見
通しや営業利益率とともに，国ごとに異なる割引率などの主要仮定に基づ
いている旨が記載されている。また，変動が激しいことが想定される新興
国と，米国などの先進国の双方を含む複数の市場で当グループが事業展開
をしており，各市場でリスク特性が異なり得ることも考慮に入れているこ
とも記されている。また，店舗に関して不利なリース契約に基づく引当が
必要かどうかの判断に当たっても同様の判断が用いられており，代替的な
方法で利用し得るかについても考慮された旨が記載されている。

　さらに「監査上の対応」では，監査人は，一部の地域では事業の状況が
厳しいことを考慮したうえで，経営者による減損および引当の兆候に関す
る評価をテストし，経営者による評価は，各店舗の業績を含め，減損を示

す内部および外部の兆候を適切に反映していると判断した旨が記載されている。また，監査人が経営者の売上予想や割引率などのその他の仮定を批

●図表8－5　バーバリー年次報告書―KAMの例●

KAMの内容	監査上の対応
有形固定資産の減損および不利な店舗リースに係る引当金	

当グループは，取引実績が予想を下回った場合に，減損の影響を受けるおそれのある重要な事業上の資産基盤を有している。

減損損失の金額を決定するために使用される使用価値モデルは，店舗固有の収益予測および利益率，ならびに国固有の割引率を含む仮定に基づいている（財務諸表の注記14を参照）。このような店舗は，典型的にはより変動の激しい新興国市場と，グループが市場内での地位向上に取り組んでいる米国などのより先進国経済との両方に存在している。

同様の判断が，小売店舗に関する不利なリースに係る引当金が要求されるかどうかの判断および，引当金の適切な額を計算する際にも用いられる。

また，必要な不利なリースに係る引当金の額に影響を及ぼす可能性のある店舗の代替用途があるかどうかの評価の際には，判断が必要である。

財務諸表の注記14に記載されているように，経営陣による評価の結果，2019年3月30日に終了した年度の純費用は11.2百万ポンドであり，これには，店舗の減損については7.5百万ポンド，小売店舗の不利なリースについては3.7百万ポンドが含まれている。

この分野に注目したのは，将来の売上高成長，利益率，割引率などの重要な仮定の決定において本来的に判断が必要であること，および検討中の資産およびリース債務の規模が重要であることによる。

一部の地域における厳しい取引条件を踏まえて，減損・不利なリースに係る引当金の兆候についての経営者による評価を検証し，それが，各店舗の取引実績を含む内部・外部の減損の兆候を適切に反映していることの心証を得た。

減損の兆候が識別された資産や，不利なリースに係る引当金の潜在的な要件が特定された資産について，挑戦的な経営予測や，割引率や長期成長率などの仮定を含め，使用価値モデルを検証したところ，これらの仮定は妥当であることがわかった。

特に，売上高成長の見通しに焦点を当て，それが，店舗の成熟度，立地市場，店舗の業績改善のための経営陣の具体的な計画を踏まえ，各店舗の合理的な見通しを反映していることの心証を得た。

減損および不利なリースに係る引当金の計算における固有の判断，特に売上高成長の仮定に関する判断を踏まえ，経営陣は財務諸表に感応度分析を開示している（財務諸表の注記14を参照）。

また，感応度計算を再実施し，その他の感応度が適切かどうかを検討した結果，財務諸表が，減損の兆候を有する店舗の業績が経営者の予想に満たない場合における将来の減損の潜在的リスクを適切に開示していることの心証を得た。

出所：Burberry "Annual Report 2018/19" page155に基づき著者が和訳（仮訳）

判的に検討したこと，特に売上予想に焦点を当て，経営者による店舗ごとの売上成長率の予測が，各店舗の成熟度，立地している市場環境および業績向上のための施策を考慮して合理的であると判断した旨も記載されている。最後に，財務諸表に注記されている感応度分析について，監査人は感応度の計算を再実施し，減損の兆候のある店舗の業績が経営者の期待に達しない場合に起こり得る，将来の減損の潜在的なリスクが財務諸表において十分に開示されていると判断した旨にも触れている。

アナリストは，KAMの記載を注記（たとえば，会計上の見積りの方法や見積りに関する主要な仮定，売上に関する仮定の感応度分析）と関連づけたうえで，企業と対話することを視野に入れたらよいだろう。そこで，当グループの前述したKAMに関連する注記を紹介する（**図表8－6**）。

● **図表8－6　バーバリー年次報告書―KAMの例と関連する注記** ●

14. 有形固定資産

取得原価	自己所有 土地・建物 £m	リース物件 付着資産 £m	器具備品 £m	建設中の 資産 £m	合計 £m
2017年3月31日現在	148.6	474.8	538.4	14.5	1,176.3
為替変動の影響	(12.8)	(29.7)	(24.7)	(0.8)	(68.0)
増加	0.3	25.3	18.7	14.7	59.0
廃棄	－	(11.5)	(41.8)	－	(53.3)
事業の処分	－	－	(7.4)	(0.6)	(8.0)
建設中の資産からの再分類	0.2	3.2	5.5	(8.9)	－
2018年3月31日現在	136.3	462.1	488.7	18.9	1,106.0
為替変動の影響	8.5	14.0	13.0	1.1	36.6
増加	0.2	26.2	23.5	25.9	75.8
企業結合	－	－	0.5	－	0.5
廃棄	(0.2)	(56.9)	(190.3)	－	(247.4)
建設中の資産からの振替	－	5.2	13.7	(18.9)	－
2019年3月30日現在	144.8	450.6	349.1	27.0	971.5
減価償却累計額および減損損失累計額 2017年3月31日現在	46.9	290.3	439.5	－	776.7
為替変動の影響	(4.6)	(19.5)	(20.7)	－	(44.8)
減価償却費	3.9	53.1	48.8	－	105.8
廃棄	－	(11.1)	(41.2)	－	(52.3)
事業の処分	－	－	(3.7)	－	(3.7)
減損損失（純額）	－	3.6	7.1	－	10.7
2018年3月31日現在	46.2	316.4	429.8	－	792.4
為替変動の影響	3.3	9.6	11.2	－	24.1
減価償却費	4.3	42.7	40.2	－	87.2
廃棄	(0.2)	(56.7)	(190.1)	－	(247.0)
減損損失（純額）	－	1.6	6.3	－	7.9

2019年3月30日現在	53.6	313.6	297.4	—	664.6
帳簿価額（純額）					
2019年3月30日現在	91.2	137.0	51.7	27.0	306.9
2018年3月31日現在	90.1	145.7	58.9	18.9	313.6

　器具備品に含まれるファイナンス・リース資産の帳簿価額は0.8百万ポンド（昨年は1.1百万ポンド）である。

　2019年3月30日までの52週間の間に，小売店舗の資産の減損の年次レビューの結果，営業費用（純額）内に11.2百万ポンド（昨年は16.8百万ポンド）の費用（純額）が計上された。有形固定資産に対して7.5百万ポンド（昨年は9.6百万ポンド）の費用が計上され，不利なリースに係る引当金に関連して3.7百万ポンド（昨年は7.2百万ポンド）の費用が計上された。不利なリース契約の詳細については，注記21を参照。

　減損の兆候が識別された場合，減損レビューは，資金生成単位の使用価値を2019年3月30日の帳簿価額と比較した。税引前のキャッシュ・フロー予測は，経営陣が承認した各小売店舗資金生成単位の予想収益および費用の財務計画に基づいており，財務計画の対象年度以後リース終了日までについては，各店舗の所在地に適した成長率およびインフレ率を使用して外挿した。これらの計算に使用された税引き前割引率は，国別の税率とリスクを調整したグループの加重平均資本コストに基づいて，10.4%〜25.3%（昨年：10.7%〜21.5%）であった。使用価値が資金生成単位の帳簿価額を下回った場合，有形固定資産の減損が計上された。使用価値がマイナスであった場合，将来の契約最低リース料に関連して，不利なリースに係る引当金が評価された。リース物件の転貸や自己所有資産の売却など，不動産の代替用途の可能性については，減損損失と不利なリースに係る引当金を見積もる際に考慮された。

　経営陣は，仮定の変化が，小売店舗資産の減損のレビューおよび不利なリースに係る引当金の考慮の結果計上された合計費用に及ぼす潜在的な影響を検討した。最も重要な見積りは，小売店舗が達成する売上高の将来の水準である。減損または不利なリースに係る引当金の評価対象となる店舗に関して，2020年3月28日に終了する年度の売上高の仮定について5%の減少/増加があると，その後の予想売上高の成長率の仮定に変化がないとした場合に，2019年3月30日までの52週間で，減損損失が16.4百万ポンドの増加/15.0百万ポンドの減少が生じると推定される。

　有形固定資産に計上された減損損失は，貸借対照表日における回収可能価額の合計が18.1百万ポンド（昨年は4.5百万ポンド）である26の小売店舗資金生成単位（昨年は23の小売店舗資金生成単位）に関連している。

　非戦略的な店舗閉鎖プログラムの一部として閉鎖されている2店舗に関し，0.4百万ポンド（昨年：なし）の減損損失が計上された。その他の資産については，当期は減損損失が発生していないが，前年は1.1百万ポンドの減損損失が発生している。

出所：Burberry "Annual Report 2018/19" page186-187に基づき，著者が和訳（仮訳）

　企業固有のリスク特性に言及した「KAMの内容」および「監査上の対応」の記載内容が，監査の質について示唆することもあるだろう。

　また，企業固有のリスク特性に言及する際に，「会計上の見積りなど」に関連する情報開示の充実が必要となるだろう。KAMの記述にあたっては，監査報告書において，企業が外部に公表していない情報に触れる必要が生じることも想定される。日本公認会計士協会の試行において，IFRSまたは米国会計基準に比べ，日本基準の財務諸表における注記が相対的に少ないことが，KAMを導入する際の課題として認識された。

　アナリストとしては，KAMの有用性と関連づけて，従来の注記の開示慣行の見直しを促すことも視野に入るだろう。ちなみに，企業会計基準委員会ディスクロージャー専門委員会において，当年度の財務諸表に計上した金額が会計上の見積りによるもののうち，翌年度の財務諸表に重要な影響を及ぼす可能性が高い項目における会計上の見積りの内容について，財務諸表利用者の理解に資する情報を開示することを目的とする議論が行われた。2019年10月30日には，「会計上の見積りの開示に関する会計基準（案）」が公表されて，コメント募集を経て，2020年3月に基準化された。

さまざまな市場関係者の果たし得る役割とは？
―監査報告書の情報価値の向上に向けて

(1)　資本市場関係者の貢献による情報規律の強化

　市場関係者がそれぞれの立場から貢献することで，資本市場の信頼の確保に資する諸施策は意義がでてくる。監査人が着目したKAMの導入等の流れの中で，情報の規律が強化され，資本市場関係者による建設的な相互監視による資本市場の信頼性の維持・向上につながることが期待される。こうした中で，監査役等が企業の開示姿勢について，いかにモニタリングしていくのかにも注目される。

　監査人に対しては，KAMを記載することにより究極的な監査の顧客は

投資家等の財務諸表利用者であることを改めて意識する機会となり得る。こうした観点から，職業的懐疑心に磨きをかけることにより，監査品質の向上に向けた取組みを強化するほか，KAMを通じて企業と監査人との間に健全な緊張関係が構築されることが期待される。アナリストは，KAMに記載されていることが多い見積り要素等について，KAM導入以降の経過観察も踏まえて，企業が過度に楽観的になっていないか確認を試みたらどうだろうか。

　また，アナリストとしては，KAMなどを参照することによって，会計上の見積り要素等も踏まえて注目すべきリスクの所在の勘所を押さえつつ，企業との対話を何度も積み重ねるようになることが想定される。こうした対話を通じて，先を見据えた形でさまざまなリスクがどのように企業の財務を圧迫し得るか等の理解がより深まることを期待する。また，最初からKAMの記載が十分にされていなかったとしても，アナリストによって繰り返しヒアリングされる事項を企業が開示することを通じて注記の充実が進み，段階的にKAMの記載内容の改善が進むことも想定される。加えて，企業による，事業機会や事業リスクの認識，経営戦略，企業の目指す事業ポートフォリオの開示等が充実していくことも想定される。こうした記述によって，分析対象企業に係る監査におけるリスク等の背景について理解が深まり，財務諸表利用者にとってKAMの活用余地が高まる可能性もあるだろう。

⑵　イノベーションを促すより良い財務報告に向けた PDCAサイクル

　中長期的な視点から，さまざまな資本市場参加者が関与するKAMにかかわる財務報告プロセスの改善，実効性のある監査機能の強化などの検討から成り立つ良いPDCAサイクルが期待される。

　たとえば，さらに充実した注記と関連づけてKAMの企業分析上の活用の余地が高まる可能性もある。また，KAMの記載を視野に入れ，適切な

法整備のあり方の整理も必要だろう。各国間で監査報告書に関係する法整備の状況は異なる中で，日本の特性を勘案し，会社法，金融商品取引法等の位置づけの整理やとるべき諸施策について検討する余地があるだろう。

　前述したような検討の余地がある諸事項を踏まえたPDCAサイクルを通じて，中長期的にも監査報告書の情報価値の向上に向けた推進力を維持していくことが重要と考える。KAMの記載の導入後5年強の実績を有する英国においては，監査監督規制当局であるFRCは，監査報告書の長文化（KAMの記載の実施）の事後レビューのレポート（2016年1月）をとりまとめている。FRCは，当該レポートの中で監査報告書に係る課題を指摘するとともに，監査報告書の情報価値の向上に向けた創意工夫の積み重ねを通じた継続的な改善を評価する姿勢を示しており，英国投資信託協会（Investment Association）による監査報告書の表彰事例にも付言している。

　特定の国に限定せず，監査報告書に多くの会計上の見積りや判断が織り込まれている中で，監査に関するリスクなどに関する有用な情報発信に向けた諸施策を継続的に考察，実行することが重要である。アナリストとしては，KAMを含む有用な情報の充実について，最初から完璧な状態を望んでいるのではないが，早々と"完璧な状態"を定義，固定化することで，将来にわたるPDCAサイクルを視野に入れないことは望ましくないと考える。現行の法律，基準整備の状況などを含めたわが国の特性を咀嚼したうえで，中長期的な視点からも，とるべき諸施策が特定され，資本市場関係者の不断の努力によって実現される良いPDCAサイクルを通じて，段階的に監査報告書の情報価値が向上していくことを期待している。

　第3章で述べたように，経営陣の事業環境認識のあり方や，企業の経営戦略が事業環境と整合的か否かはアナリストの高い関心事項である。監査プロセスでは，（経営者の環境認識を反映しているものと考えられる）将来キャッシュ・フローの見積りに経営者が用いた重要な仮定と外部の複数の機関が公表しているデータとの比較などが視野に入ってくる。

　アナリストが，監査人の視点を踏まえたKAMを活用しつつ，企業の経

営者の事業環境認識，経営戦略，企業が志向するビジネスモデル等を勘案したうえで，アナリスト自らの仮説の検証に向けて企業と対話することも想定され得るだろう。さまざまな視点から市場関係者が対話を重ねることで，監査報告書の情報価値の向上を視野に入れたらどうだろう。アナリストの立場から，監査報告書の情報価値の向上に貢献できる余地があるともいえよう。

コラム⑤　英国のアナリストの目から見たKAMとは？

　コーポレートガバナンス改革の流れの中で，KAM導入後の長い歴史を有する英国は，関連する制度設計が異なる点もあるものの，英国のアナリストによるKAMの活用の経験から示唆が得られることもあると著者は考える。そこで，著者は2017年秋に英国のアナリスト（グローバルに事業展開をする企業でシニアなポジションを有するアナリスト達）と対話した。

　アナリストによってアプローチは異なり得るが，KAMも視野に入れて，たとえば，のれんや金融商品などについて，企業が減損というつらい決断をするまでどのぐらいギリギリのところまで来ているかについて企業と対話したりする。こうした分析を試みる際に，アナリストは，有用なKAMの記載の行間を読むことで，企業の実態を見抜く力の強化につながるとのコメントもあった。KAMの記載内容については，時系列でみると，同じ会社の実態が変わったことが原因のケースに加えて，KAMの記載のイノベーション（創意工夫）から，記載の仕方が変わることもある。こうしたKAMの記載に係るイノベーションのモメンタムがあることは望ましいとの指摘もあった。

　また，英国では，監査委員会報告の記載内容が比較的充実しているケースが散見される。アナリストがKAMの記載と監査委員会報告の内容を突き合わせて見ると，両者の着眼点の差異が確認できることによって，情報価値が高まるケースもあるとの指摘があった。日本と英国では諸制度が異なることから，日本において，現時点で何ができるかは不透明ではあるが，将来に向けて，こうした点も踏まえた検討を実施する余地があるかもしれないとのコメントもあった。なお，英国では，アナリストが，監査委員会のメンバーと話すこともあり得るとのことである。

■主要参考文献

OMRON「統合レポート2018（2018年3月期）」，2019年。

格付投資情報センター「ESG投資普及へ信用リスク分析を強化～PRI格付声明への署名～」，2017年。

会計監査の在り方に関する懇談会「『会計監査の在り方に関する懇談会』提言―会計監査の信頼性確保のために―」，2016年。

環境省「TCFDを活用した経営戦略立案のススメ～気候関連リスク・機会を織り込むシナリオ分析実践ガイド～」，2019年。

キリンホールディングス「有価証券報告書―第180期」，2019年。

金融審議会「金融審議会ディスクロージャーワーキング・グループ報告―資本市場における好循環の実現に向けて―」，2018年。

金融庁「投資家と企業の対話ガイドライン」，2018年。

金融庁事務局資料「コーポレートガバナンス改革について」，2018年。

金融庁「企業内容等の開示に関する内閣府令の一部を改正する内閣府令」（2019年1月31日公布・施行）

金融庁「記述情報の開示に関する原則」，2019年。

金融庁「記述情報の開示の好事例集」，2019年。

金融庁「金融機関の内部監査の高度化に向けた現状と課題」，2019年。

経済産業省「知的資産経営報告の視点と開示実証分析調査」，2007年。

経済産業省「価値協創のための統合的開示・対話ガイダンス」，2017年。

経済産業省「気候関連財務情報開示に関するガイダンス」，2018年。

KPMGジャパン「日本企業の統合報告書に関する調査2018」，2019年（https://assets.kpmg/content/dam/kpmg/jp/pdf/2019/jp-integrated-reporting.pdf）

スチュワードシップ・コードに関する有識者検討会「『責任ある機関投資家』の諸原則《日本版スチュワードシップ・コード》～投資と対話を通じて企業の持続的成長を促すために～（改訂版）」，2017年。

スチュワードシップ・コード及びコーポレートガバナンス・コードのフォローアップ会議「コーポレートガバナンス・コードの改訂と投資家と企業の対話ガイドラインの策定について」，2018年。

ソニー「有価証券報告書2018年度版」，2019年。

ソニー「Sony IR Day 2019資料」，2019年。

東京海上ホールディングス「2018統合レポート（2018東京海上ホールディングスディスクロージャー誌）」，2019年。

東京証券取引所『コーポレートガバナンス・コード～会社の持続的な成長と中長期的な企業価値の向上のために～』，2015年。

東京証券取引所『コーポレートガバナンス・コード～会社の持続的な成長と中長期的な企業価値の向上のために～（2018年6月版）』，2018年。

東京証券取引所，名古屋証券取引所，福岡証券取引所，札幌証券取引所「2018年度株式分布状況調査結果について」，2019年。

日本格付研究所「信用格付におけるESG要素の考慮の必要性」，2017年。

日本内部監査協会編集「専門職的実施の国際フレームワーク—2017年版—」日本内部監査協会，2017年（The Institute of Internal Auditors "International Professional Practices Framework 2017 Edition"）

日本版スチュワードシップ・コードに関する有識者検討会「『責任ある機関投資家』の諸原則《日本版スチュワードシップ・コード》～投資と対話を通じて企業の持続的成長を促すために～」，2014年。

三菱UFJフィナンシャル・グループ「MUFG Report 2018 ディスクロージャー誌2018本編 統合報告書」，2019年。

「未来投資戦略2018—『Society 5.0』『データ駆動型社会』への変革—」閣議決定，2018年。

井口譲二『財務・非財務情報の実効的な開示—ESG投資に対応した企業報告—』別冊商事法務 No.431，株式会社商事法務，2018年。

上田亮子「英国コーポレートガバナンス・コード改訂と日本への示唆」『月刊資本市場』第395号，2018年

加藤康之『ESG投資の研究 理論と実践の最前線』一灯舎，2018年。

川北英隆・奥野一成編著『京都大学の経営学講義Ⅲ 経営者はいかにして，企業価値を高めているのか？ 京都大学経済学部・人気講座完全聞き取りノート』ダイヤモンド社，2019年。

古賀智敏責任編集，池田公司編著『統合報告革命 ベスト・プラクティス企業の事例分析』税務経理協会，2015年。

損害保険事業総合研究所編，ERM経営研究会著『ERM経営研究会著『保険ERM経営の理論と実践』金融財政事情研究会，2015年。

宝印刷株式会社 総合ディスクロージャー研究所編『統合報告書による情報開示の新潮流』同文舘出版，2014年。

箱田順哉・安田正敏著『社外取締役・監査役の実務 企業価値向上を目指す経営モニタリングの基礎と実践』同文舘出版，2015年。

林隆敏編著，日本公認会計士協会近畿会監査会計委員会編集協力『監査報告書の変革 欧州企業のKAM事例分析』中央経済社，2019年。

PwCあらた有限責任監査法人編『経営監査へのアプローチ 企業価値向上のための総合的内部監査10の視点』清文社，2017年。

古庄修編著『国際統合報告論 市場の変化・制度の形成・企業の対応』同文舘出版，2018年。

松島憲之「第1回 持続的成長に向けた長期投資（ESG・無形資産投資）研究会 資料」，2016年。

BT Group plc "Annual Report 2019".

Burberry Group plc "Annual Report 2018/19".

Climate Disclosure Standards Board and Sustainability Accounting Standards Board "TCFD Implementation Guide", 2019.

Corporate Reporting Dialogue "Driving Alignment in Climate-related Reporting Year One of the Better Alignment Project", 2019.

Financial Reporting Council "Guidance on the Strategic Report", 2014.

Financial Reporting Council "Guidance on Risk Management, Internal Control and Related

Financial and Business Reporting", 2014.

Financial Reporting Council "Guidance on the Strategic Report", 2018.

Financial Reporting Council "The UK Corporate Governance Code", 2018.

Financial Reporting Council "Guidance on Board Effectiveness", 2018.

Financial Stability Board "Principles and Implementation Standards for Sound Compensation Practices", 2009.

Financial Stability Board "Thematic Review on Risk Governance", 2013.

Financial Stability Board "Principles for an Effective Risk Appetite Framework", 2013.

Financial Stability Board "Guidance on Supervisory Interaction with Financial Institutions on Risk Culture A Framework for Assessing Risk Culture", 2014.

IFRS Foundation "IFRS Practice Statement 1：Management Commentary", 2010.

International Integrated Reporting Council "THE INTERNATIONAL<IR> FRAMEWORK", 2013.

Principles for Responsible Investment "Credit Risk and Ratings Initiative", 2016.

Rolls-Royce Holdings plc "2018 ANNUAL REPORT".

S&P Global Ratings "S&P Global Ratings Launches ESG Sections In Corporate Credit Rating Reports", 2019.

Task Force on Climate-related Financial Disclosures "Final Report： Recommendations of the Task Force on Climate-related Financial Disclosures", 2017.

Task Force on Climate-related Financial Disclosures "Annex:Implementing the Recommendations of the TCFD", 2017.

Task Force on Climate-related Financial Disclosures "Technical Supplement：The Use of Scenario Analysis in Disclosure of Climate-Related Risks and Opportunities", 2017.

Task Force on Climate-related Financial Disclosures "2018 Status Report", 2018.

Task Force on Climate-related Financial Disclosures "2019 Status Report", 2019.

Abarbanell, J. S. and V. L. Bernard "Tests of Analysts' Overreaction/Underreation to Earnings Information as an Explanation for Anomalous Stock Price Behavior", *Journal of Finance* 47, 1992.

Bernard, V.L. and J.K. Thomas "Post-Earnings-Announcement Drift: Delayed Price Response or Risk Premium?", *Journal of Accounting Research* 27, 1989.

Botosan, C.A. and M.A. Plumlee "Disclosure Level and Expected Cost of Equity Capital: An Examination of Analysts' Rankings of Corporate Disclosure" *SSRN, Electronic Journal*, 2000.

Botosan,C.A. and M.A. Plumlee "A Re-examination of Disclosure Level and the Expected Cost of Equity Capital," *Journal of Accounting Research* 40 (1), 2002.

Grinblatt, M. and B. Han "Prospect theory, mental accounting, and momentum", *Journal of Financial Economics* 78, 2005.

Healy P. M. and K.G. Palepu "Information asymmetry, corporate disclosure, and capital markets: A review of the empirical disclosure literature", *Journal of Accounting and Economics* 31, 2001.

Hirshleifer, D., S. S. Lim and S.H. Teoh "Driven to Distraction: Extraneous Events and Underreaction to Earnings News", *Journal of Finance* 64 (5), 2009.

Lang, M.H. and R. J. Lundholm "Corporate Disclosure Policy and Analyst Behavior," *Accounting Review* 71 (4), 1996.

Plumlee, M.A. "The Effect of Information Complexity on Analysts' Use of that Information", *Accounting Review* 78 (1), 2003.

Watts, R. L. and J. L. Zimmerman. *Positive Accounting Theory*. Prentice-Hall, International, Inc., 1986.

《著者紹介》

水口 啓子（みずぐち けいこ）

株式会社日本格付研究所審議役

JPモルガン，スタンダード＆プアーズ，プライスウォーターハウスクーパース（中央青山監査法人）等を経て，2005年に株式会社日本格付研究所へ入社。2008年には格付企画部長兼チーフ・アナリストとして，企業の分析を行い，格付基準の検討にも関与，2017年より現職。金融審議会「保険商品・サービスの提供等の在り方に関するWG」，金融審議会「保険会社のグループ経営に関する規制の在り方WG」メンバー等を歴任。また金融審議会「ディスクロージャーWG」メンバーとして，企業と投資家・アナリストとの建設的な対話に向けた企業開示のあり方も踏まえた審議等に関与。現在，公認会計士・監査審査会委員，企業会計審議会委員・監査部会委員，企業会計基準委員会 ディスクロージャー専門委員会専門委員，金融商品専門委員会専門委員，保険契約専門委員会専門委員，日本証券業協会「社債市場の活性化に向けたインフラ整備に関するWG」メンバー等を務める。

〈主要著書〉

『変わる生保 消える生保—よくわかる「生保」大選別時代の新基準』東洋経済新報社，2002年

本気で取り組むガバナンス・開示改革
—経営者とアナリストによる価値共創

2020年5月1日　第1版第1刷発行

著　者	水　口　啓　子
発行者	山　本　　　継
発行所	㈱中央経済社
発売元	㈱中央経済グループパブリッシング

〒101-0051　東京都千代田区神田神保町1-31-2
電　話　03(3293)3371(編集代表)
03(3293)3381(営業代表)
http://www.chuokeizai.co.jp/
印刷／東光整版印刷㈱
製本／㈲井上製本所

ⓒ 2020
Printed in Japan

学生・ビジネスマンに好評
■最新の会計諸法規を収録■

新版 会計法規集

中央経済社編

会計学の学習・受験や経理実務に役立つことを目的に，
最新の会計諸法規と企業会計基準委員会等が公表した
会計基準を完全収録した法規集です。

《主要内容》

会計諸基準編＝企業会計原則／外貨建取引等会計処理基準／連結CF計算書
等作成基準／研究開発費等会計基準／税効果会計基準／減
損会計基準／自己株式会計基準／１株当たり当期純利益会
計基準／役員賞与会計基準／純資産会計基準／株主資本等
変動計算書会計基準／事業分離等会計基準／ストック・オ
プション会計基準／棚卸資産会計基準／金融商品会計基準
／関連当事者会計基準／四半期会計基準／リース会計基準
／持分法会計基準／セグメント開示会計基準／資産除去債
務会計基準／賃貸等不動産会計基準／企業結合会計基準／
連結財務諸表会計基準／研究開発費等会計基準の一部改正
／変更・誤謬の訂正会計基準／包括利益会計基準／退職給
付会計基準／税効果会計基準の一部改正／収益認識基準／
時価算定基準／原価計算基準／監査基準／連続意見書　他

会 社 法 編＝会社法・施行令・施行規則／会社計算規則

金 商 法 編＝金融商品取引法・施行令／企業内容等開示府令／財務諸表
等規則・ガイドライン／連結財務諸表規則・ガイドライン
／四半期財務諸表等規則・ガイドライン／四半期連結財務
諸表規則・ガイドライン　他

関 連 法 規 編＝税理士法／討議資料・財務会計の概念フレームワーク　他